옥효진 선생님의 사회가 보이는 학습도구어

글 **옥효진** 그림 **이상일**

사회
학습도구어
40개

아울북

머리말

여러분은 공부를 좋아하나요?

"좋아해요!"라고 자신 있게 말할 친구도 있겠지만 아마도 많은 친구들이 "공부가 싫어요", "공부는 재미없어요", "공부는 힘들어요"라고 말할지도 몰라요.

맞아요. 공부는 어렵고 머리 아프며 하기 싫을 때도 많아요. 사실 선생님도 어릴 적에는 그랬답니다. 그런데 그렇게 하기 싫은 공부임에도 불구하고 여러분은 한 가지 중요한 사실을 알고 있어요. 바로 '하기 싫어도 공부는 해야 한다'라는 사실이에요. 많은 친구들이 속으로 이렇게 생각하고 있을 거예요.

"나도 공부를 잘하고 싶어."

선생님도 그 마음을 누구보다 잘 알고 있어요. 그래서 하기 싫어도 열심히 해 보려는 여러분이 얼마나 기특하고 멋진지 모른답니다. 그런 여러분을 위해 이 책을 만들었어요. 공부가 조금이라도 더 쉬워질 수 있도록 여러분의 학습을 도와줄 든든한 친구를 소개하고 싶었거든요. 그 친구가 바로 〈과목별 학습도구어〉예요.

'학습도구어'란 공부할 때 꼭 필요한 도구가 돼 주는 단어들을 말해요. 요리를 할 때 칼이나 도마 같은 요리 도구가 필요하고 고장 난 물건을 고칠 때 망치나 드라이버 같은 도구가 필요한 것처럼 공부할 때도 도구가 돼 주는 단어들이 있어요. 그런 단어들을 바로 학습도구어, 즉 '공부의 도구가 되는 단어'라고 불러요. 요리 도구가 많을수록 요리가 쉬워지듯이 여러분이 학습도구어를 많이 알고 있으면 공부도 훨씬 더 쉬워질 거예요.

그런데 여러분, 학교에서 자주 마주치지만 아직 친하다고 할 수 없는 친구가 있지는 않나요? 인사도 하고 이름도 알지만 무엇을 좋아하는지, 어떤 말을 자주 하는지는 잘 모르는 그런 친구요. 선생님은 여러분에게 학습도구어도 그런 친구일지 모른다는 생각이 들어요.

교과서나 시험 문제에 자주 나오지만 막상 뜻이 정확히 기억나지 않거나 어떻게 써야 할지 떠오르지 않는 말들이 있어요. 자주 봐서 친한 줄 알았지만 알고 보면 아직 낯선 학습도구어들이죠. 이제는 그런 단어들과 진짜 친구가 돼 보는 건 어떨까요? 왜냐하면 학습도구어는 여러분이 공부할 때마다 꼭 나타날 테니까요.

이 책은 여러분이 학습도구어와 진짜로 친해질 수 있도록 도와주는 책이에요. 그동안 스쳐 지나가기만 했던 학습도구어들이 어떤 뜻을 가지고 있고 어떤 상황에서 쓰이는지를 하나하나 살펴보면서 공부를 도와주는 든든한 친구로 만들어 보세요.

이 책을 다 읽고 난 뒤에는 여러분이 더 이상 맨손으로 공부에 맞서지 않게 되기를 바라요. 공부에 꼭 필요한 도구들을 든든히 챙긴 여러분의 공부가 더 힘차고 더 즐겁게 나아가길 응원합니다.

옥효진 선생님

이 책의 구성

핵심 학습도구어를 중심으로
어휘 관계망을 확장해요.

학습도구어가 어떻게 구성됐는지
알아보고 뜻을 조금 더 자세히 배워 봐요.

난이도 ★☆☆☆☆

1 가치

텔레비전에 나온 유물의
역사적 의미처럼 사회에서 "가치"는
사물이 가진 값어치나 쓸모를 말해요.

가치는 이럴 때 쓰는 말이에요.

"선생님! 어제 텔레비전의 한 프로그램에서 어떤 분이 도자기를 들고 감정하러 나왔는데 0원이 나온 거 있죠?"

"그래? 가짜 유물이었나 보네."

"그게 아니라 문화적으로나 역사적으로 가치가 엄청나서 돈으로 환산할 수 없었대요."

진수의 말에 아이들은 모두 놀랐어요.

"와! 하긴 오래된 유물이고 그럴 만한 가치가 있다면 돈으로 계산하기 어렵겠어."

"결국 그분은 도자기를 박물관에 기부해서 많은 사람이 볼 수 있게 하셨대요."

"정말 가치 있는 결정을 하셨구나!"

쉬는 시간이 되자 지후는 친구들과 게임 이야기를 하기 시작했어요. 하지만 현지는 그런 지후가 걱정됐답니다.

"지후야, 너 요즘 게임에 너무 빠져 있는 것 같아. 게임을 하는 건 즐겁겠지만 그렇게 가치 없는 일에 네 시간을 낭비하지 않았으면 해. 시간을 좀 더 보람 있게 써 보는 건 어떨까?"

이렇게 사회적 의미의 가치는 '사물이 가진 값이나 쓸모, 의미'를 말하고, 생활적 의미의 가치는 '어떤 것과 대상과의 관계가 가지는 중요성'을 말해요.

12

이런 뜻이에요.

가치의 가(價)는 '값', '값어치'를 뜻하고, 치(値) 또한 '값', '값어치'를 뜻해요. 두 글자 모두 어떤 것의 '값'과 '값어치'를 의미해요. 하지만 반드시 숫자로 매길 수 있는 값만을 나타내지는 않는답니다. 즉 가치는 '어떤 사물에 대해 숫자로 매길 수 있는 값이나 눈에 보이지 않는 쓸모, 유용성'을 말해요. '읽을 만한 가치가 있는 책', '할아버지께서 물려주신 시계의 가치'처럼 말이에요.

또한 가(價)의 '명성', '중요성'이라는 뜻과 치(値)의 '걸맞다', '~할 만하다'의 뜻을 합치면 '중요할 만하다', '명성에 걸맞다'라는 의미가 만들어지지요? 그래서 생활에서 쓰이는 가치는 '어떤 것과의 관계에서 중요한 무언가'를 말한답니다. 또한 그렇게 생각되는 것을 '가치 있다'라고 표현해요.

과목별

사물이나 현상이 가진 값이나 값어치.

예문
- 매우 비싸긴 하지만 그만한 가치가 있는 물건이다.
- 이 책은 문학적으로나 역사적으로 가치가 높은 책이다.

생활 속

대상과의 관계에서 중요한 것.

예문
- 우리는 인간으로서 정직함에 가치를 둬야 한다.
- 나는 이 세상에서 가장 가치 있는 것은 '사랑'이라고 생각한다.

13

만화와 이야기를 통해 학습도구어의
다양한 의미를 알아봐요.

학습도구어가 과목과 생활 속에서
어떻게 다르게 쓰이는지 알아보고
예문을 함께 만나 봐요.

학습도구어가 들어간 **꼬꼬무 어휘 지도**를 보고
과목 어휘력을 길러요.

학습도구어와 뜻이 비슷한 단어를
알아보고 **어휘력**을 확장해요.

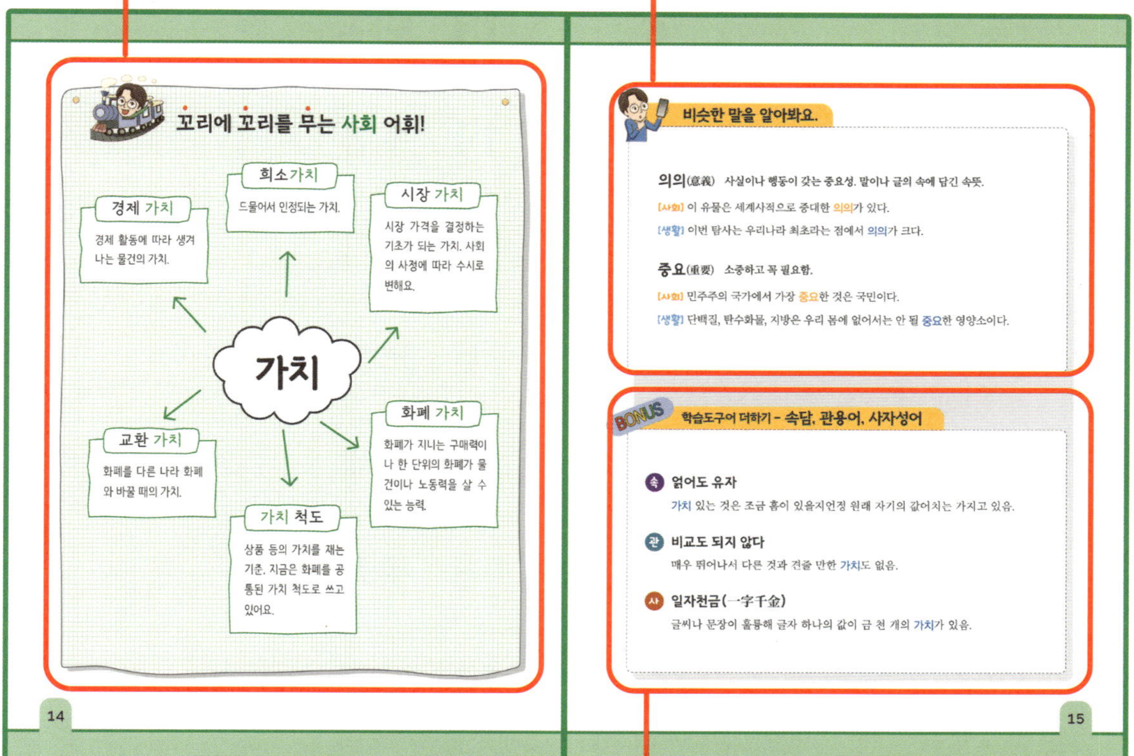

꼬리에 꼬리를 무는 사회 어휘!

가치

경제 가치
경제 활동에 따라 생겨나는 물건의 가치.

희소가치
드물어서 인정되는 가치.

시장 가치
시장 가격을 결정하는 기초가 되는 가치. 사회의 사정에 따라 수시로 변해요.

교환 가치
화폐를 다른 나라 화폐와 바꿀 때의 가치.

가치 척도
상품 등의 가치를 재는 기준. 지금은 화폐를 공통된 가치 척도로 쓰고 있어요.

화폐 가치
화폐가 지니는 구매력이나 한 단위의 화폐가 물건이나 노동력을 살 수 있는 능력.

14

비슷한 말을 알아봐요.

의의(意義) 사실이나 행동이 갖는 중요성. 말이나 글의 속에 담긴 속뜻.

[사회] 이 유물은 세계사적으로 중대한 의의가 있다.

[생활] 이번 탐사는 우리나라 최초라는 점에서 의의가 크다.

중요(重要) 소중하고 꼭 필요함.

[사회] 민주주의 국가에서 가장 중요한 것은 국민이다.

[생활] 단백질, 탄수화물, 지방은 우리 몸에 없어서는 안 될 중요한 영양소이다.

BONUS 학습도구어 더하기 - 속담, 관용어, 사자성어

속 **얽어도 유자**
가치 있는 것은 조금 흠이 있을지언정 원래 자기의 값어치는 가지고 있음.

관 **비교도 되지 않다**
매우 뛰어나서 다른 것과 견줄 만한 가치도 없음.

사 **일자천금(一字千金)**
글씨나 문장이 훌륭해 글자 하나의 값이 금 천 개의 가치가 있음.

15

학습도구어가 들어간 **속담, 관용어, 사자성어**를 알아보고 문해력과
상식까지 길러요.

목차

3장
ㅅ~ㅇ으로 시작하는 학습도구어

4장
ㅈ~ㅎ으로 시작하는 학습도구어

중국산
베트남산
칠레산
미국산
스페인산
고사리
체리
오렌지
레몬

1장

ㄱ으로 시작하는 학습도구어

가치 | 갈등 | 개발 | 개척 | 건설 | 공동

교류 | 교환 | 구조 | 기능 | 기록

난이도 ★☆☆☆☆

1 가치

텔레비전에 나온 유물의
역사적 의미처럼 사회에서 '가치'는
사물이 가진 값어치나 쓸모를 말해요.

가치는 이럴 때 쓰는 말이에요.

"선생님! 어제 텔레비전의 한 프로그램에서 어떤 분이 도자기를 들고 감정하러 나왔는데 0원이 나온 거 있죠?"

"그래? 가짜 유물이었나 보네."

"그게 아니라 문화적으로나 역사적으로 가치가 엄청나서 돈으로 환산할 수 없었대요."

진수의 말에 아이들은 모두 놀랐어요.

"와! 하긴 오래된 유물이고 그럴 만한 가치가 있다면 돈으로 계산하기 어렵겠어."

"결국 그분은 도자기를 박물관에 기부해서 많은 사람이 볼 수 있게 하셨대요."

"정말 가치 있는 결정을 하셨구나!"

쉬는 시간이 되자 지후는 친구들과 게임 이야기를 하기 시작했어요. 하지만 현지는 그런 지후가 걱정됐답니다.

"지후야, 너 요즘 게임에 너무 빠져 있는 것 같아. 게임을 하는 건 즐겁겠지만 그렇게 가치 없는 일에 네 시간을 낭비하지 않았으면 해. 시간을 좀 더 보람 있게 써 보는 건 어떨까?"

이렇게 사회적 의미의 가치는 '사물이 가진 값이나 쓸모, 의미'를 말하고, 생활적 의미의 가치는 '어떤 것과 대상과의 관계가 가지는 중요성'을 말해요.

이런 뜻이에요.

가치의 가(價)는 '값', '값어치'를 뜻하고, 치(値) 또한 '값', '값어치'를 뜻해요. 두 글자 모두 어떤 것의 '값'과 '값어치'를 의미해요. 하지만 반드시 숫자로 매길 수 있는 값만을 나타내지는 않는답니다. 즉 가치는 '어떤 사물에 대해 숫자로 매길 수 있는 값이나 눈에 보이지 않는 쓸모, 유용성'을 말해요. '읽을 만한 가치가 있는 책', '할아버지께서 물려주신 시계의 가치'처럼 말이에요.

또한 가(價)의 '명성', '중요성'이라는 뜻과 치(値)의 '걸맞다', '~할 만하다'의 뜻을 합치면 '중요할 만하다', '명성에 걸맞다'라는 의미가 만들어지지요? 그래서 생활에서 쓰이는 가치는 '어떤 것과의 관계에서 중요한 무언가'를 말한답니다. 또한 그렇게 생각되는 것을 '가치 있다'라고 표현해요.

과목별

사물이나 현상이 가진 값이나 값어치.

예문

- 매우 비싸긴 하지만 그만한 가치가 있는 물건이다.
- 이 책은 문학적으로나 역사적으로 가치가 높은 책이다.

생활 속

대상과의 관계에서 중요한 것.

예문

- 우리는 인간으로서 정직함에 가치를 둬야 한다.
- 나는 이 세상에서 가장 가치 있는 것은 '사랑'이라고 생각한다.

꼬리에 꼬리를 무는 사회 어휘!

가치

희소가치

드물어서 인정되는 가치.

경제 가치

경제 활동에 따라 생겨나는 물건의 가치.

시장 가치

시장 가격을 결정하는 기초가 되는 가치. 사회의 사정에 따라 수시로 변해요.

교환 가치

화폐를 다른 나라 화폐와 바꿀 때의 가치.

화폐 가치

화폐가 지니는 구매력이나 한 단위의 화폐가 물건이나 노동력을 살 수 있는 능력.

가치 척도

상품 등의 가치를 재는 기준. 지금은 화폐를 공통된 가치 척도로 쓰고 있어요.

비슷한 말을 알아봐요.

의의(意義) 사실이나 행동이 갖는 중요성. 말이나 글의 속에 담긴 속뜻.

[사회] 이 유물은 세계사적으로 중대한 의의가 있다.

[생활] 이번 탐사는 우리나라 최초라는 점에서 의의가 크다.

중요(重要) 소중하고 꼭 필요함.

[사회] 민주주의 국가에서 가장 중요한 것은 국민이다.

[생활] 단백질, 탄수화물, 지방은 우리 몸에 없어서는 안 될 중요한 영양소이다.

BONUS 학습도구어 더하기 - 속담, 관용어, 사자성어

속 얽어도 유자

가치 있는 것은 조금 흠이 있을지언정 원래 자기의 값어치는 가지고 있음.

관 비교도 되지 않다

매우 뛰어나서 다른 것과 견줄 만한 가치도 없음.

사 일자천금(一字千金)

글씨나 문장이 훌륭해 글자 하나의 값이 금 천 개의 가치가 있음.

난이도 ★★☆☆☆

2 갈등

러시아와 우크라이나의 전쟁처럼 사회에서 '갈등'은 두 나라가 여러 이유로 부딪히는 것을 말해요.

갈등은 이럴 때 쓰는 말이에요.

"어제 동영상으로 전쟁이 난 지역의 어린이들을 봤는데 너무 마음 아팠어."

아이들은 심각한 얼굴로 전쟁에 대해 이야기 중이에요.

"얘들아, 오늘날 지구촌에서는 갈등과 분쟁이 끊임없이 발생하고 있어. 민족 문제, 종교 문제, 영토 문제, 그리고 자원 문제 등 원인도 다양하지. 이렇게 나라나 집단 간에 갈등이 심해지면 전쟁이 일어나기도 해."

"저도 나라 간의 갈등으로 전쟁이 일어나서 집과 건물이 파괴되고 여러 사람이 죽거나 다친 동영상을 봤어요. 전쟁 피해 지역의 어린이들을 돕는 모금 활동을 하는 건 어떨까요?"

쉬는 시간이 됐어요. 어쩐지 민희의 얼굴에 고민이 가득하네요.

"온 가족이 갈등 중이야. 방학 때 여행 가고 싶은 곳이 모두 다르거든."

"하하하. 의견이 나뉜 거야? 그럼 갈등할 만하네."

이렇게 사회적 의미의 갈등은 '두 나라가 정치적 신념, 종교 문제, 나라의 이익 등을 이유로 충돌하는 것'을 말하고, 생활적 의미의 갈등은 '두 가지 이상의 기회나 목표 등 해야 할 것을 앞에 두고 결정하지 못하는 것'을 말해요.

이런 뜻이에요.

갈등의 갈(葛)은 '칡덩굴'을 뜻하고, 등(藤)은 '등나무'를 뜻해요. 칡덩굴과 등나무는 다른 나무를 감고 올라가며 자라는 덩굴 식물이에요. 두 나무가 제각각 이리저리 감아 올라 자라다 보면 서로 엉켜 문제가 생기겠지요? 그래서 사회에서 갈등은 '나라들이 서로 다른 이념을 바탕으로 각자의 이익과 권리를 챙기기 위해 충돌하는 것'을 말해요. 이때 갈등은 전쟁으로 나타나기도 하고 나라 간의 무역을 중단하는 것으로도 나타난답니다.

그렇다면 생활에서 갈등은 어떤 의미로 사용될까요? '개인과 개인, 개인과 집단, 집단과 집단 사이에 의견이나 목표, 입장, 처지가 달라서 서로 대립하는 것'을 말해요. 즉 '개인이 다른 사람이나 집단과 마음이 맞지 않아 다투거나 속상해하는 것'을 뜻한답니다. 또한 갈등은 여러 가지 기회, 목표 등을 앞에 두고 결정하지 못해 고민하는 상황처럼 한 사람의 마음 안에서도 일어나요.

과목별

나라들이 정치적 신념, 경제 문제 등으로 서로 충돌함.

예문
- 미국과 중국은 정치적 갈등으로 무역을 중단했었다.
- 중세 시대에는 종교적인 갈등으로 전쟁이 일어났다.

생활 속

의견이나 목표, 입장 등이 달라 서로 다툼.
스스로 결정하지 못해 고민함.

예문
- 공부를 할지, 게임을 할지 갈등 중이다.
- 나는 친구와 갈등이 깊어져서 서로 말하지 않고 있다.

꼬리에 꼬리를 무는 사회 어휘!

갈등

갈등 구조

목표와 이해관계가 다른 개인이나 집단이 서로 의견이 맞지 않아 충돌하는 관계.

갈등 요인

갈등을 일으키는 원인.

가족 갈등

가족 구성원 사이에서 서로 다른 생각이나 처지, 이해관계 등의 이유로 생기는 충돌.

갈등상태

두 가지 이상의 요구나 욕구, 기회 또는 목표가 생겼을 때 선택하지 못하고 괴로워하는 상태.

갈등 극복

개인이나 집단 사이에 목적이나 이해관계가 달라서 발생하는 충돌을 극복하는 일.

비슷한 말을 알아봐요.

냉전(冷戰) 두 대상의 대립이나 갈등. 직접적인 무력을 사용하지 않는 국제적 싸움.

[사회] 세계는 제2차 세계 대전 이후 미국과 소련을 중심으로 냉전이 더욱 심해졌다.

[생활] 나와 형은 아직 냉전 중이다.

대립(對立) 의견이나 처지 등이 서로 맞서거나 반대되는 상태.

[사회] 세대 간의 대립은 먼 옛날부터 있어 왔다.

[생활] 학생들 간의 의견 대립으로 회의가 끝이 나지 않는다.

BONUS 학습도구어 더하기 - 속담, 관용어, 사자성어

속 쇠라도 맞부딪쳐야 소리가 난다

한쪽이 가만히 있으면 갈등은 절대로 일어나지 않음.

관 그러리 말리

그리하겠다느니 말겠다느니 갈등하며 하나로 정하지 못함.

사 사면초가(四面楚歌)

완전히 고립돼 아무에게도 도움을 받을 곳이 없거나 갈등이 끝까지 치달아 더 이상 해결책이 보이지 않음.

난이도 ★★☆☆☆

3 개발

온천 호텔을 건설해 유명한 곳을 만든 것처럼 사회에서 '개발'이란 자원을 쓸모 있게 만드는 일을 말해요.

개발은 이럴 때 쓰는 말이에요.

오늘 마을 탐방 동아리는 온천이 유명한 마을로 체험 학습을 갔어요.

"이곳은 온천 호텔이 개발되면서 유명한 마을이 됐어. 많은 사람이 찾아오지."

그때 현수도 시골의 할아버지 댁 이야기를 꺼냈어요.

"저희 할아버지 댁도 시골이에요. 마을에 논밭도 많고 할아버지 집 앞에는 물고기와 새가 사는 개울도 있어요. 개발은 덜 돼도 여름에는 물놀이를, 겨울에는 썰매를 탈 수 있어요."

"그렇지. 마을이 개발되면 살기 편리한 부분도 있지만 개발이 덜 된 곳은 현수 할아버지 댁처럼 자연환경이 좋다는 장점이 있단다."

이런저런 이야기를 나누며 선생님과 아이들은 서영이가 가져온 달콤한 쿠키를 먹었어요.

"얘들아, 이 쿠키로 말할 것 같으면 말이야. 우리 엄마와 내가 개발한 요리법으로 만들었어! 몸에 좋은 곡식이 들어가 있고 설탕은 전혀 넣지 않았지. 어때?"

이렇게 사회적 의미의 개발은 '평범했던 자원이나 땅 등을 쓸모 있게 만드는 것'을 말하고, 생활적 의미의 개발은 '개인의 재능을 더 발달시키는 것'을 말해요.

이런 뜻이에요.

개발의 개(開)는 '열다', '펴다'를 뜻하고, 발(發)은 '꽃이 피다', '나타내다', '일어나다'를 뜻해요. 두 글자를 합치면 '열어서 나타내다', '펴서 일어나다'라는 의미가 만들어져요. 정리해 보면 '닫혀 있거나 숨겨져 있던 것을 나타나게 하다'라는 뜻이 돼요. 즉 사회에서 쓰이는 개발은 '묻혀 있던 자원, 평범했던 마을, 땅 등을 사람이 이용하기 편하도록 유용하게 만드는 것'을 말한답니다. 개발은 '경제나 산업을 발전하게 한다'라는 뜻으로 더 넓게 쓰이기도 해요.

그렇다면 '열어서 나타내다'라는 뜻의 개발이 생활에서는 어떻게 쓰일까요? 바로 '새로운 생각을 열어서 나타내는 것', '머릿속에 있던 생각이나 가진 재능, 지식 등을 밖으로 드러내는 것'을 말해요. '자신이 가진 재능이나 지식 등을 더 나아지게 하는 것'과 같답니다. '재능을 개발하다', '사회성을 개발하다' 등으로 사용할 수 있어요.

과목별

산업이나 경제를 발전시킴. 새로운 물건을 만듦.

예문

- 진공청소기와 물걸레 청소기를 합친 물건이 개발됐다.
- 공해를 일으키지 않는 에너지 개발은 환경을 위해 매우 중요하다.

생활 속

지식이나 재능을 발달시킴.

예문

- 선생님은 우리의 특기나 취미의 개발에도 관심을 두신다.
- 나는 달리기 능력을 개발해 멋진 축구 선수가 될 것이다.

꼬리에 꼬리를 무는 사회 어휘!

개발

재개발

이미 있는 것을 더 좋게 하려고 다시 개발함.

개발 제한 구역

자연환경을 보호하기 위해 더 이상 개발을 하지 못하도록 정한 구역.

경제 개발

산업을 일으켜 나라의 경제를 발전시키는 일.

도시 재개발

이미 만들어진 도시의 낡은 건물 등을 없앰. 또는 새로 만들어 값어치를 높임.

개발 도상국

산업과 경제 개발이 선진국(다른 나라보다 발달이 앞선 나라)에 비해 뒤떨어진 나라.

비슷한 말을 알아봐요.

개척(開拓) 땅이나 새로운 영역을 열고 이용하게 함.
새로운 분야나 일을 처음으로 시작해 길을 열고 나감.

[사회] 우리 조상들은 새로운 땅을 **개척**하며 정착지를 넓혀 갔다.

[생활] 그는 미지의 분야를 **개척**해 자신만의 길을 만들었다.

계발(啓發) 가지고 있는 재능이나 지혜, 생각 등을 일깨워 줌.

[사회] 초등학교 교육 과정은 어린이들의 탐구 능력과 창의력을 **계발**시킨다.

[생활] 다양한 동아리 활동으로 학생들의 소질을 **계발**시켰다.

BONUS 학습도구어 더하기 - 속담, 관용어, 사자성어

속 구르는 돌은 이끼가 안 낀다

새로운 능력을 **개발**하기 위해 꾸준히 부지런하게 노력하는 사람은 계속 발전함.

관 제자리에 머물다

능력을 **개발**하지 않아 더 이상 발전이 없음.

사 개과천선(改過遷善)

잘못을 고쳐 착한 길로 들어서거나 더 나은 방향으로 자신을 **개발**해 나감.

난이도 ★★★★☆

4 개척

바닷길을 찾아 다른 나라와의 무역 범위를 넓힌 것처럼 사회에서 '개척'은 세력 범위를 새롭게 넓히는 일을 말해요.

개척은 이럴 때 쓰는 말이에요.

"선생님, 주말에 아빠와 새로운 등산로를 개척했어요! 힘들었지만 정말 기분이 좋았어요!"

"와! 정말 멋진 경험을 했구나! 도현이의 개척 정신은 '마르코 폴로'와 비슷한 것 같아."

옛날 사람들은 바다 끝에 낭떠러지가 있고 육지는 바다로 둘러싸여 있을 거라고 생각했어요. 그래서 바다 저 멀리까지 나가는 것을 두려워함과 동시에 바다 너머에 어떤 세상이 있는지 궁금해했답니다. 그래서 사람들은 바닷길을 개척해서 세계를 탐험하기 시작했어요.

"처음으로 유럽에 동양을 소개한 사람이 바로 이탈리아의 상인이자 여행가인 마르코 폴로야. 마르코 폴로의 여행기인 <동방견문록>을 읽은 유럽인들은 그제야 넓은 세계로 눈을 돌려 배를 타고 아시아로 떠나기 시작했어. 그리고 비슷한 시기에 '콜럼버스'는 인도로 가는 새로운 길을 찾으려고 떠났다가 아메리카를 발견했지. 아메리카를 인도로 착각하긴 했지만 신항로를 개척했다는 데 의미가 있는 일이야. 새로운 항로를 개척하면 무역할 수 있는 범위가 넓어지면서 경제적으로 이익을 얻는단다."

이렇게 사회적 의미의 개척은 '영토를 확장하거나 세력을 더 넓히는 것'을 말하고, 생활적 의미의 개척은 '나의 운명이나 진로, 길, 새로운 분야를 처음 시작해 열어 나가는 것'을 말해요.

이런 뜻이에요.

개척의 개(開)는 '열다', '펴다'를 뜻하고, 척(拓)은 '넓히다', '크게 만들다'를 뜻해요. 두 글자를 합치면 '열거나 펴서 넓히고 크게 만들다'라는 의미가 만들어져요. 무엇을 크게 만드는 걸까요? 바로 땅이에요. '거친 땅을 일구어 논밭을 쓸모 있는 땅으로 만드는 것', '영토를 확장하는 것' 모두를 우리는 사회적으로 개척이라고 한답니다. 이 의미가 좀 더 확대돼 쓰이면서 땅뿐만 아니라 어떤 '세력 범위를 새롭게 넓히는 것', '제도나 문물을 처음 들여오거나 시작하는 것'도 뜻하게 됐어요. '식민지 개척', '새로운 항로 개척', '거래 시장 개척' 등으로 사용된답니다.

또한 개(開)의 '시작하다', '출발하다'라는 뜻과 척(拓)의 '넓히다', '크게 만들다'라는 뜻을 합치면 '넓히거나 크게 만들기 위해 시작하고 출발하다'라는 의미가 만들어지지요? 이것은 '아무도 하지 않은 분야의 일, 새로운 영역, 나의 운명, 나의 진로, 길 등을 처음으로 시작하고 새롭게 닦으며 열어 나가는 것'을 말한답니다. 생활에서 쓰이는 개척의 뜻이에요.

과목별

쓸모없는 땅을 유용한 땅으로 만듦. 세력 범위를 확장시킴.

예문

- 이곳은 버려진 땅이었지만 마을 사람들의 노력으로 개척됐다.
- 유럽 강대국들은 식민지를 개척해 무역 범위를 확장하고 경제적 이익을 누렸다.

생활 속

아무도 하지 않은 일을 시작해 새로운 길을 닦음. 진로를 결정해 열어 나감.

예문

- 항공 회사는 새로운 항공 노선을 개척했다.
- 내 운명은 내가 개척하는 거야! 누구도 간섭할 수 없어.

꼬리에 꼬리를 무는 사회 어휘!

개척

개척지

거친 땅을 일궈 만든 새로운 땅.

개척민

어떤 지역을 개척하기 위해 그곳으로 옮겨 간 사람들.

개척사

거친 땅을 일궈 논이나 밭처럼 쓸모 있는 땅으로 만든 과정이나 역사.

개척촌

거친 땅을 일군 곳에 새로 만든 마을.

개척 정신

새로운 영역이나 운명, 진로 등을 처음으로 시작하는 정신.

비슷한 말을 알아봐요.

개발(開發) 토지나 자원을 유용하게 만듦. 새로운 물건을 만듦.

[사회] 지나친 지하수의 개발은 생태계에 나쁜 영향을 줄 수 있다.

[생활] 치매 치료제의 개발은 과학자들의 숙제이다.

발견(發見) 알려지지 않은 사실이나 찾지 못했던 사물 등을 찾아냄.

[사회] 이 근처 바닷물에서 많은 양의 중금속이 발견됐다.

[생활] 나는 책상 밑에서 잃어버렸던 머리핀을 발견했다.

BONUS 학습도구어 더하기 - 속담, 관용어, 사자성어

속 호랑이를 잡으려다가 토끼를 잡는다

어떤 일을 개척할 때는 마음을 크게 먹고 훌륭한 것을 이루려고 생각하지만 그와 다르게 초라하고 엉뚱한 것을 만들게 됨.

관 첫걸음마를 떼다

어떤 일이나 사업을 처음으로 개척함.

사 자생자결(自生自決)

살아 나갈 길을 남에게 의지하지 않고 자신의 힘으로 개척함.

난이도 ★★☆☆☆

5 건설

학교 뒤편에 건물을 세우는 것처럼 사회에서 '건설'은 새로운 건물이나 시설을 만드는 일을 말해요.

건설은 이럴 때 쓰는 말이에요.

학교의 뒤편에 강당이 건설되고 있어요. 여름 방학 때 완성될 예정이고 지금은 공사를 쉬고 있답니다. 아이들은 안전 장비를 착용하고 건설 현장을 둘러보는 체험을 했어요.

"와! 정말 대단해! 내 눈으로 직접 건설 장비들을 볼 수 있다니!"

"하하하. 얘들아, 무엇보다 안전이 중요하니까 안전모의 버클을 다시 한번 확인하렴."

"와! 이렇게 거대할 수가! 굴착기가 제가 생각한 것보다 훨씬 커요!"

"이것 좀 봐. 벽돌도 있고 삽이랑 톱도 있어. 건설 용구들은 종류도 참 많구나."

교실로 돌아와서도 아이들은 건설 현장에 대해 이야기하느라 시끌시끌했어요.

"선생님, 정말 즐거운 시간이었어요. 매일 한 시간씩 이런 체험 학습을 하는 게 어때요? 정말 건설적인 생각이죠?"

"흠, 선생님은 좀 더 건설적인 것을 하고 싶구나. 진로에 관한 대화나 너희들의 성적에 관한 이야기 말이야. 하하하."

이렇게 사회적 의미의 건설은 '새로운 건물이나 시설을 만드는 것'을 말하고, 생활적 의미의 건설은 '일을 좋은 방향으로 나아가게 하는 것'을 말해요.

이런 뜻이에요.

건설의 건(建)은 '세우다'를 뜻하고, 설(設)은 '설치하다'를 뜻해요. 여기서 설(設)은 '새로운 것을 세우다'라는 뜻을 담고 있어요. 두 글자를 합치면 '어떤 것을 세우고 설치하다'라는 의미가 만들어져요. 새롭게 기계를 붙이거나 놓아두는 것은 '설치', 새로 무엇인가를 정하는 것은 '설정'이라고 하는 것처럼 말이에요. 그래서 사회적으로 건설은 '건물이나 시설 등을 새로 만들어 세우는 것'을 말해요.

또한 건(建)의 '일으키다'라는 뜻과 설(設)의 '갖춰지다'라는 뜻을 합치면 '잘 갖춰서 일으키다'라는 의미가 만들어지지요? 이것은 생활에서 쓰이는 건설로 '계획을 잘 갖춰 일을 좋은 방향으로 일으키는 것', '계획을 통해 어떤 일을 좋게 이끌어 가는 것'을 말한답니다.

과목별

건물, 시설, 사업 등을 새로 만들어 일으키고 세움.

예문

- 우리 동네에 새 아파트가 건설되고 있다.
- 아빠는 건설 현장에서 감독으로 일하고 계신다.

생활 속

어떤 일을 좋은 방향으로 가도록 함.

예문

- 형과 나는 좀 더 건설적인 대화를 해 보기로 했다.
- 우리 운동 동아리는 매우 건설적인 동아리이다.

꼬리에 꼬리를 무는 사회 어휘!

건설

건설 자재

건설에 쓰는 나무, 벽돌, 철근, 시멘트 등 여러 가지 재료.

건설 구조

일정한 짜임새를 가진 건축물의 뼈대 부분.

건설 기계

건설 공사에 쓰는 모든 기계.

건설물

건설해 놓은 건축물이나 시설.

건설업자

허가를 받고 공사나 건축 산업에 관련된 일을 하는 사람.

건설 설계

건설물을 짓기 위해 크기, 재료, 비용 등을 구체적으로 계산하고 계획을 짜는 일.

비슷한 말을 알아봐요.

설립(設立) 모임이나 조직체를 새로 만들어 세움.

[사회] 우리 학교는 설립한 지 30년이 지났다.

[생활] 나는 친구들과 어린이 봉사대를 설립했다.

수립(樹立) 국가나 기구, 단체를 세우거나 국가 정책, 계획을 새롭게 세움.

[사회] 상해 임시 정부의 수립은 우리나라 독립운동의 중심 역할을 했다.

[생활] 실천할 수 있는 방학 계획표를 수립해야 한다.

BONUS 학습도구어 더하기 - 속담, 관용어, 사자성어

속 공든 탑이 무너지랴

정성을 다해 건설한 탑은 무너질 리 없다는 뜻으로, 노력한 일은 결과가 헛되지 않음.

관 첫 삽을 들다[뜨다]

건설 사업이나 그 밖에 다른 일을 처음으로 시작함.

사 대기만성(大器晩成)

큰 그릇은 늦게 완성된다는 뜻으로, 큰 사람이 되거나 큰 건설물, 사업을 완성하기에는 오랜 시간이 걸림.

난이도 ★★★☆☆

6 공동

전 세계가 함께 해결해야 하는 환경 문제처럼 사회에서 '공동'은 여러 사람이나 단체가 함께 힘을 합치는 것을 말해요.

공동은 이럴 때 쓰는 말이에요.

"선생님, 북극에 빙하가 녹아서 북극곰이 작은 얼음 위에 홀로 앉아 있는 사진 보셨어요?"

"응. 정말 안쓰럽다. 북극곰은 환경 문제와 밀접한 관련이 있는 동물이야. 지구의 대기를 오염시켜 온실 효과를 일으키는 온실가스는 북극 지역의 얼음을 녹이는 주요 원인이지."

"그런데 환경 문제는 전 세계 공동의 문제잖아요. 한 나라만 신경 쓴다고 지구의 환경 오염이 해결될 수 없죠."

"그렇지. 전 세계가 공동으로 노력해야 해. 그렇지 않으면 지구가 큰 위험에 빠질 거야."

사회 시간이 끝나고 점심시간이 됐어요. 한쪽에서 아이들이 옥신각신 다투고 있네요.

"이 공은 우리 반이 공동으로 사용하는 건데 너희들만 계속 가지고 놀면 어떡하니?"

지호의 말에 진수와 성민이가 머리를 긁적이며 대답했어요.

"미안. 곧 2반이랑 축구 시합이 있잖아. 연습에 열중하다 보니 그랬어."

이렇게 사회적 의미의 공동은 '둘 이상의 사람이나 단체가 힘을 합쳐 같은 목적의 일을 하는 것'을 말하고, 생활적 의미의 공동은 '여러 사람이나 단체가 함께 어떤 일을 하는 것', '같은 자격을 가지는 것'을 말해요.

이런 뜻이에요.

공동의 공(共)은 '함께', '모두'를 뜻하고, 동(同)은 '합치다'를 뜻해요. 두 글자를 합치면 '모두 합치다', '함께 합치다'라는 의미가 만들어져요. 즉 사회에서 쓰이는 공동은 '둘 이상의 사람이나 단체가 힘을 합쳐 어떤 일을 같이하는 것'을 말한답니다.

또한 공(共)의 '모두'라는 뜻과 동(同)의 '한가지', '무리', '같다'라는 뜻을 합치면 '모두가 같다', '모두 한 무리'라는 의미가 만들어지지요? 이처럼 생활에서 쓰이는 공동은 '둘 이상의 사람이나 단체가 하나의 무리처럼 같은 조건과 자격을 가지고 있는 것'을 말해요.

사회에서 쓰이는 공동은 '힘을 합치는 것'이 주된 의미이고, 생활에서 쓰이는 공동은 '함께해 같은 자격을 가지는 것'이 주된 의미이니 차이로 구분하면 좋겠지요?

과목별

여러 사람이나 단체가 힘을 합쳐 함께함.

예문

- 엄마와 엄마 친구 분들은 공동으로 채소를 구매하셨다.
- 우리 반은 모둠별로 공동 작업을 하기로 했다.

생활 속

둘 이상의 사람이나 단체가 함께 자격을 가짐.

예문

- 이번 체육 대회에서 우리 반과 3반이 공동 1등이다.
- 전염병이 유행할 때는 공동으로 사용하는 물건을 조심해야 한다.

꼬리에 꼬리를 무는 사회 어휘!

공동

공동 사회
서로 밀접한 관련이 있는 사람들끼리 만든 사회. 가족, 촌락 등이 있어요.

공동체
생활이나 행동, 목적 등을 같이하는 집단.

공동 경영
둘 이상의 사람이나 단체가 힘을 합쳐 회사나 이익 단체를 설립하고 운영하는 일.

공동생활
일정한 시간과 공간에서 여럿이 서로 도우며 사는 생활.

공동 구입
여러 소비자가 함께 생산자에게서 직접 물품을 사들이는 일. 중간 유통 단계를 거치지 않아 물품을 싼값에 안정적으로 구매할 수 있어요.

비슷한 말을 알아봐요.

공유(共有) 두 사람 이상이 한 물건을 같이 가짐.

[사회] 도시별로 이름 붙은 공유 자전거의 이용이 늘고 있다.

[생활] 이 기쁨을 친구들과 공유하려고 SNS(사회 관계망 서비스)에 올렸다.

합동(合同) 여럿이서 행동이나 일을 같이함.

[사회] 마을 사람들은 합동해 장마 피해 복구 작업에 나섰다.

[생활] 오늘은 우리 반과 옆 반이 합동으로 체육 수업을 했다.

BONUS 학습도구어 더하기 - 속담, 관용어, 사자성어

속 같이 우물 파고 혼자 먹는다

여럿이 공동으로 노력해 이룬 일의 성과를 혼자서 차지함.

관 손발을 맞추다

함께 공동으로 일을 할 때 의견, 일의 방식 등을 서로 맞춤.

사 일심동체(一心同體)

한마음 한 몸이 돼 공동으로 행동하거나 생각함.

난이도 ★★★★☆

7 교류

나라끼리의 경제적 교류인 무역처럼 사회에서 '교류'는 나라 사이에 경제적 이익, 문화, 사상, 제도 등을 주고받는 것을 말해요.

교류는 이럴 때 쓰는 말이에요.

"선생님, 어제 엄마와 마트에 갔었는데요. 다른 나라에서 온 과일과 채소가 많더라고요."

오늘날 우리나라는 세계 여러 나라와 물건을 주고받으며 경제적으로 교류하고 있어요. 이렇게 나라와 나라 사이에 물건을 주고받으며 교류하는 활동을 '무역'이라고 한답니다.

"나라들은 저마다 자연환경이 달라서 주로 생산되는 물건도 다르지. 그래서 자기 나라에서 생산되지 않거나 부족한 것을 서로 교류하며 주고받아. 우리는 기술이나 문화, 종교, 사상도 세계와 교류하고 있어. 우리나라의 드라마나 K-pop(케이팝)이 온 세계에 퍼져 나가서 한류 열풍을 일으키고 있는 것처럼 말이야."

아이들은 K-pop을 들으며 체육 수업을 위해 운동장으로 나왔어요.

"와! 민호야, 넌 높이뛰기 기술이 대단하구나! 어떻게 그렇게 높이 뛰는 거야? 내가 멀리뛰기 기술을 알려 줄 테니 너도 높이뛰기 기술을 가르쳐 줄래? 우리 서로 기술을 교류하자."

이렇게 사회적 의미의 교류는 '나라와 나라 사이에 문화, 사상, 경제적 이익 등을 주고받는 것'을 말하고, 생활적 의미의 교류는 '사람과 사람 사이에 지식이나 재능, 기술, 감정 등을 주고받는 것'을 말해요.

이런 뜻이에요.

교류의 교(交)는 '주고받다', '섞이다'를 뜻하고, 류(流)는 '흐르다'를 뜻해요. 두 글자를 합치면 '흐르는 것이 섞이다'라는 의미가 만들어져요. 즉 생활에서 쓰이는 교류는 다른 물줄기들이 물을 주고받으며 섞이는 것처럼 '두 명 이상의 사람이나 두 개 이상의 단체가 서로가 가진 지식, 감정, 재능, 기술, 정보, 의견 등을 주고받는 것'을 말한답니다.

그렇다면 사회에서는 교류가 어떻게 사용될까요? '나라와 나라 간에 문화나 사상, 경제적으로 이익이 되는 부분, 정치 제도 등을 물이 섞이듯 서로 주고받는 것'을 말해요. 전 세계적으로 인기가 많은 K-pop은 우리나라와 다른 나라 간에 문화와 예술이 교류되는 사례이고 무역은 경제적 이익을 서로 교류하는 사례와 같답니다.

과목별

두 나라 간에 서로 이익이 되는 경제, 문화, 사상 등을 주고받음.

예문
- 우리나라는 오래전부터 중국과 문화적으로 교류해 왔다.
- 이번 정상 회담으로 두 나라 간의 경제적 교류가 활발해질 전망이다.

생활 속

두 사람 이상 또는 두 개 이상의 단체가 서로의 지식, 감정, 재능, 기술, 정보, 의견 등을 주고받음.

예문
- 요즘은 인터넷으로 교류하며 친해지기도 한다.
- 우리 동아리는 다른 학교 동아리와 교류하며 지내기로 했다.

꼬리에 꼬리를 무는 사회 어휘!

교류

교류국

문화나 사상 등이 서로 통하는 국가.

관광 교류

다른 지방이나 나라의 풍경과 문화, 사상 등을 체험하고 감상한 것을 나라, 지역, 개인 간에 서로 주고받는 일.

국제 문화 교류

국가와 국가 사이의 문화적 이해를 높이고 더 가까워지기 위한 교류.

경제 교류

나라 간에 경제적 이익을 주는 물건이나 서비스 등을 주고받음.

청소년 교류 활동

국가 간, 지역 간의 다양한 교류로 청소년의 공동체 의식을 키우는 체험 활동.

비슷한 말을 알아봐요.

거래(去來) 사고팖. 친해지려고 오고 감.

[사회] 이 물건은 비싼 값에 거래되고 있다.

[생활] 나는 옆집 사람과 별 거래 없이 지내 왔다.

교환(交換) 서로 바꿈. 서로 주고받음.

[사회] 통신의 발달로 정보가 더 활발히 교환되고 있다.

[생활] 나는 가게에서 상한 우유를 교환했다.

BONUS 학습도구어 더하기 - 속담, 관용어, 사자성어

속 먼 사촌보다 가까운 이웃이 낫다

이웃끼리 교류하며 친해지면 먼 곳의 친척보다 가까워져 서로 도우며 살게 됨.

관 물과 기름

서로 교류하지 못해 겉돎.

사 막역지우(莫逆之友)

서로 거스름이 없는 친구라는 뜻으로, 자주 교류해 허물이 없이 아주 친함.

난이도 ★★★☆☆

8 교환

서로 필요한 물건을 바꾸는 것처럼 사회에서 '교환'은 물건이나 돈을 그에 맞는 다른 물건이나 노동력으로 바꾸는 것을 말해요.

교환은 이럴 때 쓰는 말이에요.

"진호야, 내 연필이랑 너 볼펜이랑 교환할래? 우리 둘 다 똑같은 게 두 개씩 있잖아."

"와, 너희들 물물 교환하는 거니? 마치 돈이 생기기 전에 사람들이 했던 물물 교환이 떠오르는구나."

"그러게요. 그런데 너무 무겁거나 상하는 물건은 물물 교환이 불편했을 것 같아요."

"맞아. 그래서 돈이 생긴 거야. 물론 처음부터 지금 같은 모양의 돈은 아니었어. 교환하기 쉽도록 소금이나 조개껍데기, 쌀 등을 이용했지. 그러다가 잘 망가지지 않고 없어지지도 않는 금이나 은을 돈으로 사용하기 시작한 거야. 지금은 들고 다니기 가볍고 계산이 편리한 신용 카드도 교환 수단의 역할을 하고 있단다. 미래에는 지금보다 더 편리한 교환 수단이 나오지 않을까?"

쉬는 시간이 되자 진수는 민호에게 새로 산 수첩을 보여 줬어요.

"어제 수첩을 샀는데 집에 가서 보니 내용물이 찢어져 있더라. 그래서 다시 교환했어."

"응. 나도 저번에 물감을 샀는데 빨간색만 굳어 있어서 새 상품으로 교환한 적이 있어."

이렇게 사회적 의미의 교환은 '내가 가진 물품을 주고 그 가치만큼 다른 물건이나 돈을 얻는 것'을 말하고, 생활적 의미의 교환은 '물건을 주고받는 것'을 말해요.

이런 뜻이에요.

교환의 교(交)는 '주고받다', '바꾸다'를 뜻하고, 환(換)도 '주고받다', '바꾸다'를 뜻해요. 뜻이 비슷한 두 글자를 합치면 '서로 바꾸거나 주고받는 것'이라는 의미가 만들어져요. 교환은 '물건과 물건'을 바꾼다든지 '사람과 사람'을 바꾸는 것에도 사용할 수 있어요. 이것이 생활에서 쓰이는 교환의 의미랍니다.

그렇다면 사회에서는 교환이 어떤 의미일까요? '어떤 물건이나 노동력을 다른 사람에게 주고 그 가격만큼의 가치를 가진 다른 물건이나 노동력, 돈으로 바꾸는 일'을 말해요. 서로 주고받는 것이지요. 이것이 바로 사회에서 쓰이는 교환이랍니다.

과목별

어떤 물품을 주고 그 가격만큼 다른 물건이나 돈 등을 얻음.

예문

- 나라 간은 무역을 통해 물건을 교환하고 이익을 얻기도 한다.
- 옛날에는 쇠로 된 물건을 엿장수에게 가져다주면 엿과 교환해 줬다.

생활 속

서로 물건 등을 주고받음.

예문

- 새로 산 옷에 구멍이 나 있어서 다른 옷과 교환했다.
- 나는 친구와 한 달에 한 번씩 책을 교환해서 읽는다.

꼬리에 꼬리를 무는 사회 어휘!

교환

교환 가치

우리나라 화폐를 다른 나라의 화폐와 바꿀 때의 가치.

교환 가격

필요로 하는 양과 만들어지는 양을 기준으로 한 가격.

교환 무역

돈 대신 서로 물건을 주고받는 나라 간의 무역.

맞교환

어떤 것을 서로 주고받거나 맞바꿈.

물물 교환

돈으로 사고팔지 않고 직접 물건과 물건을 바꾸는 일.

비슷한 말을 알아봐요.

거래(去來) 사고팖. 좋은 관계를 유지하기 위해 오고 감.

[사회] 이곳은 예전부터 외국과의 거래가 활발했던 무역항이었다.

[생활] 엄마는 이웃과 자주 거래하며 친하게 지내셨다.

교류(交流) 서로 주고받음. 서로 오가며 이어짐.

[사회] 여러 나라 학생들은 국제 행사나 캠프를 통해 서로 문화와 지식을 교류한다.

[생활] 친구들과 여행 사진과 경험을 교류하며 서로 새로운 정보를 얻었다.

BONUS 학습도구어 더하기 - 속담, 관용어, 사자성어

속 갓 사러 갔다가 망건 산다

사려던 물건이 없어 다른 것으로 교환해서 삼.

관 손(을) 내밀다

무엇을 교환하자고 요구하거나 달라고 구걸함.

사 상부상조(相扶相助)

서로 도움을 주고받는다는 뜻으로, 물건이나 이익을 교환하며 협력함.

난이도 ★★★☆☆

9 구조

조선 시대가 양반, 중인, 상민, 천민으로 나눠 이뤄진 것처럼 사회에서 '구조'는 부분이 모여 전체를 만드는 일을 말해요.

구조는 이럴 때 쓰는 말이에요.

"얘들아, 조선 시대 왕이 입었던 옷인데 어때? 잘 어울려? 하하하. 옛날 우리나라는 계급이 나뉘어 있는 신분 사회 구조였어. 이 신분 구조 제도는 단순히 사회적 지위를 뜻하기보다 삶의 모든 면에 영향을 미쳤지. 크게 양반, 중인, 상민, 천민으로 나뉘어 있단다."

"지금은 신분이나 계급으로 나뉜 구조가 아니라 모두 평등하잖아요. 참 달라졌네요!"

조선 시대의 신분 제도는 차별적인 사회 구조였기 때문에 변화와 저항이 뒤따를 수밖에 없었어요. 특히 부당한 대우와 큰 차별을 받던 천민들은 신분 해방을 위해 끊임없이 노력했고 결국 조선 시대 사회 구조의 핵심적인 특징이었던 신분 제도는 변화하는 시대 속에서 19세기 후반 폐지됐답니다.

쉬는 시간이 되자 기다렸다는 듯 진호가 민수에게 사진을 보여 줬어요.

"어제 블록으로 피라미드 구조를 만들었어. 멋있지? 생각보다 시간이 오래 걸렸어. 다음에는 벌집 모양을 본뜬 육각형 구조물을 만들어 볼 생각이야."

이렇게 사회적 의미의 구조는 '여러 부분이나 요소가 모여서 하나의 통일된 전체를 만드는 것'을 말하고, 생활적 의미의 구조는 '여러 가지 재료로 만든 물건의 짜인 모양새'를 말해요.

이런 뜻이에요.

구조의 구(構)는 '얽다', '이루다'를 뜻하고, 조(造)는 '세우다', '짓다', '만들다'를 뜻해요. 여기서 구(構)의 '얽다'라는 것은 '여러 가닥의 줄로 이리저리 거는 것'을 말해요. 두 글자를 합치면 '여러 줄로 이리저리 걸어서 무엇을 만들다'라는 의미가 만들어져요. 즉 사회에서 쓰이는 구조는 '각각의 부분이나 요소가 서로 얽어 하나의 전체를 만드는 것'을 말하며 경제, 정치, 문화 등에서 두루 쓰인답니다.

또한 구(構)의 '얽다', '집을 짓다', '이루다'라는 뜻과 조(造)의 '세우다', '짓다', '만들다'라는 뜻을 합치면 '집이나 건물을 세우다', '여러 가지를 얽어서 어떤 것을 만들다'라는 의미가 만들어지지요? 즉 생활에서 쓰이는 구조는 '여러 가지 재료를 사용해 지은 집이나 시설물', '여러 가지 재료를 얽어 모아 하나의 물건을 만드는 짜임새'를 말한답니다.

과목별

부분이 모여서 하나의 전체를 짜 이룸.

예문

- 고려는 국가의 중대한 일을 결정짓던 도병마사(고려 시대에 국가의 군사 기밀과 국방의 중요한 일을 논의하던 중앙 회의 기구)가 설치되면서 권력 구조가 바뀌기 시작했다.

생활 속

여러 재료로 만든 시설물이나 물건의 짜인 모양새.

예문

- 각 나라의 주거 형태는 지형, 기후, 주변 식물의 생태 등에 따라 구조가 다르다.
- 이 공구는 안전장치가 부착된 구조라 매우 안전하다.

꼬리에 꼬리를 무는 사회 어휘!

구조

구조화
부분적 요소나 내용이 서로 관계를 맺어 하나로 만들어짐.

시장 구조
여러 기업의 경제적 여건.

인구 구조
일정 지역의 인구를 성별, 나이, 결혼 여부, 직업, 교육 정도 등의 다양한 기준으로 나눈 것.

사회 구조
사회관계에서의 역할에 따라 행동할 수 있는 범위와 행동 양식을 정하는 사회적인 틀.

산업 구조
전체 산업에서 각각의 산업이 차지하는 부분과 그것들이 어떻게 연결돼 있는지의 관계.

비슷한 말을 알아봐요.

구성(構成) 여러 부분이 짜여 하나의 통일체를 만듦.

[사회] 국회는 국회 의원 300명으로 구성돼 있다.

[생활] 이 연주 앨범은 첼로 연주곡과 바이올린 연주곡으로 구성돼 있다.

조직(組織) 특정한 목적을 위해 여러 부분이 모여 집단을 이룸. 얽고 짜서 만듦.

[사회] 우리나라 정부 조직은 입법부, 행정부, 사법부로 나뉜다.

[생활] 이 그물은 조직이 촘촘해서 작은 물고기를 잡는 데 사용한다.

BONUS 학습도구어 더하기 - 속담, 관용어, 사자성어

속 벌도 법이 있지

벌의 생활에도 사회 구조에 대한 일정한 질서와 규칙이 있으니 사람에게도 마땅히 있어야 한다는 뜻으로, 사회 구조를 유지하며 살기 위해서는 법과 규칙을 반드시 지켜야 함.

관 콩가루(가) 되다

집안이나 조직, 사회 구조가 무너짐.

사 약육강식(弱肉強食)

약한 자가 강한 자에게 먹히는, 힘 있는 자만 살아남는 사회 구조를 뜻함.

난이도 ★★★★☆

10 기능

리모컨이나 가위를 사용하는 것처럼 사회에서 '기능'은 기계나 부품이 담당하는 고유의 역할을 말해요.

기능은 이럴 때 쓰는 말이에요.

"어라?"

선생님이 교실 텔레비전의 리모컨을 아무리 눌러도 텔레비전은 켜지지 않았어요.

"선생님, 리모컨이 기능을 잃어버렸네요?"

"하하하. 그러게. 그런데 얘들아, 평소에는 잘 못 느끼다가 이렇게 물건이 고장 나서 기능을 잃어버리면 그때야 그것이 얼마나 편리한 물건이었는지 깨닫게 되는 것 같지 않니?"

"맞아요, 가위는 종이를 자르는 기능이 있고 이 안경은 칠판에 글씨를 더 잘 보이게 해 주는 기능이 있잖아요. 저는 지난번에 깜박하고 안경을 안 쓰고 온 적이 있는데 잘 보이지 않아서 정말 답답했어요."

"하아아아아품!"

그때 민수가 커다란 소리로 하품을 했지 뭐예요. 아이들은 모두 웃음이 터졌어요.

"아, 부끄러워. 선생님, 달콤한 간식을 먹으면 제 뇌의 기능이 활발해질 것 같아요. 히히."

이렇게 사회적 의미의 기능은 '기계나 부품의 역할이나 그것들이 할 수 있는 일'을 말하고, 생활적 의미의 기능은 '생물체의 각 기관이나 세포들이 하는 일'을 말해요.

이런 뜻이에요.

기능의 기(機)는 '기계', '기틀'을 뜻하고, 능(能)은 '능히 할 수 있다'를 뜻해요. 두 글자를 합치면 '기계가 능히 할 수 있다'라는 의미가 만들어져요. 즉 사회에서 쓰이는 기능은 '기계나 어떤 부품이 그 일을 해내는 능력이나 역할'을 말해요. '선풍기의 기능', '연필의 기능' 등으로 사용할 수 있답니다. 또한 기계뿐만 아니라 '어떤 기관이나 단체, 신분이 할 수 있는 고유의 일, 역할, 작용' 등도 기능이라고 해요. 학교의 기능은 교육이고 병원의 기능은 아픈 사람을 치료해 주는 것처럼 말이에요.

또한 기(機)의 '기틀'이라는 뜻과 능(能)의 '할 수 있다'라는 뜻을 합치면 '기틀이 할 수 있는 일'이라는 뜻이 만들어져요. 여기서 기틀은 '어떤 일의 가장 중요한 원인이나 조건'으로, 사람이나 동물, 식물의 몸을 말해요. 그래서 생활에서 쓰이는 기능은 '사람이나 동물, 식물의 각 기관이 가진 역할'을 가리킨답니다. '털의 기능', '뇌의 기능', '뿌리의 기능' 등으로 사용할 수 있어요.

과목별

기계나 부품 등이 맡은 고유한 역할이나 능력, 일.

예문

- 이 에어컨은 공기 청정기 기능도 함께 가지고 있다.
- 인터넷의 발달로 종이 신문의 기능이 없어져 가고 있다.

생활 속

사람이나 동물, 식물의 각 기관이 가진 역할.

예문

- 할머니는 소화 기능이 약하셔서 딱딱한 음식은 못 드신다.
- 뱀의 혀는 냄새를 맡거나 다른 뱀과 소통하는 기능이 있다.

꼬리에 꼬리를 무는 사회 어휘!

기능

기능적

하는 구실이나 작용과 관련된 것.

기능성

기능이 가지는 역할과 효과의 정도.

순기능

목적한 대로 작용하는 긍정적인 기능.

역기능

의도한 것과 반대로 작용하는 기능.

기능 사회

정치, 종교, 교육 등의 사회적 기능을 행하기 위해 만들어진 집단. 정당, 교회, 학교 등이 있어요.

비슷한 말을 알아봐요.

쓸모 쓰이게 될 분야나 부분. 사용할 만한 가치.

[사회] 이 공구들은 비슷하게 생겼지만 쓸모가 다르다.

[생활] 의자의 다리가 부러지는 바람에 쓸모없어졌다.

역할(役割) 일정한 자격으로 책임을 져야 함.
영화나 연극 등에서 배우가 등장인물을 맡음.

[사회] 국회 의원은 국민을 대표하고 법률을 제정하는 역할을 한다.

[생활] 나는 연극에서 놀부 역할을 맡았다.

BONUS 학습도구어 더하기 - 속담, 관용어, 사자성어

속 칼도 날이 서야 쓴다

무엇이나 제 기능을 할 수 있게 조건을 갖춰야 가치가 있음.

관 임자(를) 만나다

어떤 사물이나 사람이 그 일에 잘 맞는 사물이나 사람과 연결돼 기능과 능력을 제대로 발휘할 수 있게 됨.

사 백발백중(百發百中)

백 번 쏘아 백 번 맞춘다는 뜻으로, 기술이나 기능이 매우 정밀하고 완벽함.

난이도 ★★☆☆☆

11 기록

역사서에 위인들의 이야기가 남아 있듯 사회에서 '기록'은 후에 남길 목적으로 사실을 적은 일을 말해요.

기록은 이럴 때 쓰는 말이에요.

"얘들아, 너희들 이순신 장군, 유관순 열사, 세종대왕을 당연히 알고 있겠지?"

"네! 어떻게 모르겠어요. 모두 역사로 기록돼 있잖아요."

"역시 우리 역사 박사님들! 맞아. 기록으로 남아 전해져서 우리가 이렇게 자세히 알 수 있는 거란다. 역사라는 옛날의 기록을 통해 과거의 사회 모습이나 사건에 대해 알 수 있어. 우리가 기록으로 남은 역사를 공부하는 것은 역사 속에서 여러 가지 어려움을 슬기와 노력으로 극복한 조상의 지혜를 만날 수 있기 때문이고 올바른 미래를 향한 본보기로 삼을 수 있어서야. 그래서 현재의 일을 기록으로 남겨서 미래로 이어 주는 일은 무엇보다 중요해!"

그때 선호가 우당탕 요란한 소리를 내며 교실로 들어왔어요.

"선생님! 저 드디어 기록을 앞당겼어요! 얘들아! 내가 우리 학교 대표 선수가 됐어!"

"와! 대단해! 기록을 1초나 단축했구나! 이제 박선호 육상 선수를 올림픽에서 보게 되겠는걸?"

이렇게 사회적 의미의 기록은 '주로 후일에 남기는 것을 목적으로 사실을 적는 일이나 그 사실을 적은 글'을 말하고, 생활적 의미의 기록은 '운동 경기 등에서 그 성적이나 결과를 수치로 나타내는 것'을 말해요.

이런 뜻이에요.

기록의 기(記)는 '사실을 적다', '쓰다'를 뜻하고, 록(錄)은 '사실을 적다', '적어 넣다', '나타내다'를 뜻해요. 두 글자를 합치면 '사실을 적다', '사실을 적어 넣다'라는 의미가 만들어져요. 그런데 현대 사회에서 '록(錄)' 자는 특히 '글을 오래 보존하기 위해 쓰다'라는 의미에 무게가 두어져 사용돼요. 그래서 사회에서 쓰이는 기록은 '훗날까지 오래 남길 목적으로 어떤 사실을 적는 것이나 그 사실을 적은 글'을 말한답니다.

그렇다면 생활에서는 기록이 어떻게 쓰일까요? 바로 '운동 경기, 물품의 판매 등에서 세운 성적이나 결과를 수치로 나타내는 것'을 말해요. 사실을 적는 것이니 수치로 정확하게 나타내야만 해요. '세계 신기록', '최고 기록'처럼 수치로 나타낸 결과의 가장 높은 수준을 이를 때도 기록을 사용한답니다.

과목별

나중까지 남길 목적으로 어떤 사실을 적음.

예문

- 이 책은 조선 왕의 업적을 기록한 책이다.
- 그 사건은 역사에 기록돼 후세 사람들의 본보기가 될 것이다.

생활 속

성적이나 실적의 결과를 수치로 나타냄.
또는 그 성적이나 실적의 가장 높은 수준.

예문

- 나는 열심히 노력해서 지난번 기록보다 0.5초나 앞서는 기록을 냈다.
- 이 영화는 올해 가장 많은 관객을 동원한 영화로 기록됐다.

꼬리에 꼬리를 무는 사회 어휘!

기록

기록표

어떤 일의 과정이나 결과, 상황 등을 시간 순서나 수치 등으로 정리해 만든 표.

기록문

어떤 사실을 기록한 글.

생활 기록부

학생의 인적, 학적, 학업 성취도, 행동 특성 등을 기록한 장부.

국가 기록원

정부의 문서, 인쇄물, 서적, 계획서, 사진 등의 중요한 기록물을 수집, 관리, 보관하는 기관.

교통 기록계

지정된 한 곳의 시간별 교통량 변화, 하루 총 교통량 등을 측정하고 기록하는 기계.

비슷한 말을 알아봐요.

문헌(文獻) 옛날 제도나 문물을 연구하는 데 필요한 자료.
특정한 연구를 할 때 참고하는 책이나 문서.

[사회] 이 문헌은 조선 시대 여성들의 삶과 생각을 다루고 있다.

[생활] 나는 글을 쓰는 데 도움이 되는 문헌을 찾아봤다.

자료(資料) 연구나 조사 등 일의 바탕이 되는 재료.

[사회] 그들은 남극에서 대기 오염 자료를 수집했다.

[생활] 나는 실험에 필요한 자료를 찾아봤다.

BONUS 학습도구어 더하기 - 속담, 관용어, 사자성어

속 총명이 둔필만 못하다

아무리 기억력이 좋아도 기록해 두는 것만큼 확실한 건 없음.

관 궐(을) 잡다

제때에 제자리에 없는 것을 기록함.

사 일필휘지(一筆揮之)

글씨나 문장과 같은 기록을 단숨에 써 내려감.

한양1000리

Cafe

2장

ㄷ~ㅂ으로 시작하는 학습도구어

다양 | 도구 | 독립 | 동의 | 모습

문제 | 문화 | 발달 | 발전 | 방법

방향 | 변화

난이도 ★☆☆☆☆

12 다양

2,000개 이상의 민족이 있는
아프리카처럼 사회에서 '다양'은
문화, 인종, 제도 등이
각자의 특징을 지닌 것을 말해요.

다양은 이럴 때 쓰는 말이에요.

"선생님, 이것 좀 보세요. 아프리카는 참 신비한 대륙 같아요. 총 54개국으로 구성돼 있는데 민족만 해도 2,000개 이상이고 각각 다양한 문화적 특징을 가지고 있대요."

아이들은 아프리카에 관한 책을 읽고 있어요.

"맞아. 아프리카는 세계에서 가장 다양한 문화와 전통을 가졌단다. 지역마다 요리법도 다르고 옷, 종교, 즐기는 음악이나 춤도 굉장히 다양하지. 현재는 현대 문화와 결합한 아프리카 문화를 노래, 춤, 그림 등의 다양한 문화 형태로 감상할 수 있어. 물론 이것은 아프리카 문화가 다른 문화를 자연스럽게 이해하고 받아들인 결과야. 이렇게 문화의 다양성을 이해하고 존중하면 세계는 더 발전되고 아름다운 문화를 만들어 갈 수 있겠지?"

"선생님, 그럼 우리 다음 사회 시간에는 세계 여러 문화를 다양한 방법으로 표현해 보는 건 어때요? 그림이나 글, 춤, 노래 등으로 말이에요."

"와! 그거 좋은 생각이야. 지호는 언제나 다양한 아이디어를 내놓는구나!"

이렇게 사회적 의미의 다양은 '문화나 인종, 제도 등이 여러 형태로 많은 특징을 가지고 있는 것'을 말하고, 생활적 의미의 다양은 단순히 '여러 가지의 모양이나 방법' 등을 말해요.

이런 뜻이에요.

다양의 다(多)는 '많다'를 뜻하고, 양(樣)은 '모양', '방법', '종류'를 뜻해요. 두 글자를 합치면 '모양, 방법, 종류 등이 많다'라는 의미가 만들어져요. 즉 생활에서 쓰이는 다양은 '모양이나 방법, 종류가 여러 가지로 많은 것'을 뜻한답니다.

그렇다면 사회에서는 다양이 어떻게 쓰일까요? 바로 '사회적인 제도나 문화, 인종, 기후, 지형, 역사 등이 여러 가지로 많은 것'을 말해요. 다양은 언어나 의상, 전통, 종교, 가치관 등 여러 방면에서 나타날 수 있어요. 그것은 모두 각각의 특성과 특징을 지녔답니다.

과목별

문화, 인종, 제도, 역사 등이 각각 많은 특징을 가지고 있음.

예문
- 미국은 다양한 인종이 함께 살고 있다.
- 이곳은 유럽의 다양한 문화가 혼합돼 나타나는 나라이다.

생활 속

모양, 색깔, 방법, 형식 등에서 종류가 여러 가지로 많음.

예문
- 할머니의 정원에는 계절마다 다양한 꽃이 핀다.
- 가게에는 다양한 과자가 진열돼 있었다.

꼬리에 꼬리를 무는 사회 어휘!

다양

문화적 다양성

서로 다른 역사와 공간에서 문화가 여러 모습으로 나타나는 특성.

제품 다양화

제품의 종류를 많게 함.

노동력 다양성

성별, 나이, 인종, 국적 등 다양한 사람들로 노동력이 구성된 것.

기술 다양성

근로자가 일을 할 때 필요한 다양한 활동이나 기능, 재능.

사회적 다양성

서로 다른 모습의 사회 구성원들이 섞여 있는 것. 또는 어떤 사회의 특징과 개성.

비슷한 말을 알아봐요.

각종(各種) 온갖 종류. 여러 종류.

[사회] 세계는 각종 공해로 환경 오염이 심각하다.

[생활] 꽃집에는 각종 꽃이 많아서 고르기가 힘들었다.

갖가지 여러 가지.

[사회] 사회는 갖가지 집단이 얽혀 있는 곳이다.

[생활] 연못 속에는 갖가지 색깔의 물고기들이 헤엄치고 있었다.

BONUS 학습도구어 더하기 - 속담, 관용어, 사자성어

속 그물이 천 코면 걸릴 날이 있다

일을 다양하게 하면 어디선가 얻는 것이 있음.

관 이리 핑계 저리 핑계

어떤 일을 하지 않으려고 이것저것 다양하게 대는 핑계.

사 동고동락(同苦同樂)

괴로움과 즐거움 등 다양한 감정을 함께 공유함.

난이도 ★★☆☆☆

13 도구

가위나 돌로 만든 무기처럼
사회에서 '도구'는 어떤 일을 할 때
사용하는 연장을 말해요.

도구는 이럴 때 쓰는 말이에요.

"선생님, 가위가…… 아! 옆 반에서 빌려 갔죠? 이럴 때는 도구가 우리 생활을 얼마나 편리하게 해 주는지 알 것 같아요. 그런데 선생님, 사람은 옛날부터 도구를 사용했어요?"

"흠, 도구의 역사는 아주 오래됐단다. 처음 사용한 도구는 나무 혹은 돌을 갈거나 깨뜨려 만든 것이었고 깨뜨린 돌을 나무에 끼워 조금 더 편리하게 사용하기도 했어."

시간이 흐르면서 사람들은 돌 대신 청동이나 철 같은 금속을 사용해 도구를 만들었어요. 단단한 철로 만든 농사 도구의 사용은 일의 효율성을 높여 줬고 그 결과 농업이 발달하게 됐어요. 오늘날에는 농기계를 사용해서 더 쉽고 편리하게 농사를 짓게 됐답니다.

"선생님, 우리 반 친구들은 옛날에 태어났어도 여러 도구로 사냥도 잘하고 농사도 열심히 지었을 것 같아요. 모두 부지런하고 열정적이니까요."

"하하하. 말은 그 사람의 마음을 나타내는 도구라고 하는데 지원이가 좋은 본보기가 되는구나. 바른말로 조리 있게 말하면서도 상대방을 생각하며 따뜻하게 말하지. 멋진 습관이야."

이렇게 사회적 의미의 도구는 '어떤 일을 할 때 사용하는 연장'을 말하고, 생활적 의미의 도구는 '어떤 일을 이루거나 나타내기 위한 수단'을 말해요.

이런 뜻이에요.

도구의 도(道)는 '방법'을 뜻하고, 구(具)는 '갖추다'를 뜻해요. 두 글자를 합치면 '방법을 갖추다'라는 의미가 만들어져요. 일을 하는 방법을 갖추기 위해서는 연장이 필요해요. 이것이 바로 사회에서 쓰이는 도구랍니다.

그렇다면 생활에서는 도구가 어떻게 쓰일까요? 바로 '어떤 목적을 이루는 방법을 갖추는 것'을 말해요. 즉 '목적한 일을 이루고 나타내기 위한 수단'을 뜻한답니다. '말은 그 사람의 마음을 나타내는 도구'라고 한다면 '말'이 그 사람의 마음을 나타내기 위한 수단이 되는 것처럼 말이에요.

과목별

일을 할 때 필요한 연장.

예문

- 침팬지는 나무 막대기를 도구로 사용한다.
- 여행 가방에 세면도구를 잘 챙겨 넣었다.

생활 속

어떤 일을 이루거나 나타내기 위한 수단.

예문

- 과학 기술은 인간의 삶을 편리하게 해 주는 도구이다.
- 너는 나를 성민이와 친해지기 위한 도구로 삼은 거야?

꼬리에 꼬리를 무는 사회 어휘!

도구

정치도구
정치적 목적을 이루기 위한 수단과 방법.

생산 도구
물품을 생산하는 데 필요한 도구나 기구.

도구시
사물이나 사람을 도구로 취급함.

가재도구
집안 살림에 쓰는 여러 가지 물건.

철제 도구
철기 시대의 기술을 바탕으로 만들어진 도구.

비슷한 말을 알아봐요.

기구(機構) 특정 목적을 위해 구성한 조직이나 기관. 어떤 작용을 하는 기계 장치.

[사회] 세계 보건 기구는 사람들의 건강을 높이고 질병을 예방하는 것이 목표이다.

[생활] 이 놀이공원에는 놀이 기구의 종류가 아주 많다.

수단(手段) 목적한 것을 이루는 방법이나 도구. 일을 처리하는 솜씨.

[사회] 교통수단의 발달로 지역 간의 교류가 활발해졌다.

[생활] 내 동생은 나를 설득하는 수단이 좋다.

BONUS 학습도구어 더하기 - 속담, 관용어, 사자성어

속 글 잘 쓰는 사람은 필묵을 탓하지[가리지] 않는다

능력이 있는 사람은 도구가 좋지 않아도 일을 잘함.

사 망양보뢰(亡羊補牢)

양을 잃고 우리를 고친다는 뜻으로, 일이 이미 잘못된 후에야 뒤늦게 도구를 사용해 수습함.

사 우도할계(牛刀割鷄)

소를 잡는 도구인 큰 칼로 닭을 잡는다는 뜻으로, 작은 일인데 지나치게 크게 반응하거나 놀람.

난이도 ★★★☆☆

14 독립

일본에게서 우리나라를 되찾은 것처럼 사회에서 '독립'은 한 나라가 주권을 완전하게 가지고 행사하는 일을 말해요.

독립은 이럴 때 쓰는 말이에요.

"나는 독립운동을 할 수 있었을까? 안중근 의사가 나오는 영화를 보면서 문득 생각했어."

안중근 의사는 대한 제국 말기에 활약한 계몽 운동가이자 독립운동가예요. 유관순, 김구, 안창호, 이봉창, 윤봉길 등과 함께 우리나라의 위대한 독립운동가 중 한 분이시랍니다.

"독립운동은 민족의 독립을 위해 힘쓰는 거야. 다른 나라의 지배를 받지 않고 주권(국가의 의사를 최종적으로 결정하는 권력)을 완전하게 가지는 것이지. 과거 우리나라는 일본에 나라를 빼앗긴 뒤로부터 많은 사람이 나라를 되찾기 위해 노력했어. 그 중심에는 죽음을 두려워하지 않고 독립을 위해 애쓴 독립운동가 분들이 계셨고 지금의 평화롭고 안정된 국가는 독립운동가의 희생이 없었다면 얻지 못했을 거란다."

쉬는 시간이 되었어요. 오늘따라 신나 보이는 민수가 선생님께 달려왔어요.

"선생님! 형이 드디어 독립해서 나갔어요. 여기서 좀 먼 곳에 있는 직장에 취직했거든요. 그래서 넓은 형 방이 제 차지가 됐답니다. 축하해 주세요! 히히."

이렇게 사회적 의미의 독립은 '한 나라나 단체가 자유롭게 스스로 어떤 것을 결정하고 처리할 수 있는 권리'를 말하고, 생활적 의미의 독립은 '경제적, 정신적으로 단체나 다른 사람에게 묶이지 않고 스스로 생활해 나가는 것'을 말해요.

이런 뜻이에요.

독립의 독(獨)은 '홀로', '혼자'를 뜻하고, 립(立)은 '서다', '이뤄지다', '이미 일어난 일이나 다른 어떤 일을 대하다'를 뜻해요. 두 글자를 합치면 '홀로 서다', '혼자 어떤 일을 대하다'라는 의미가 만들어져요. 즉 생활에서 쓰이는 독립은 '다른 어떤 것에 간섭받지 않고 스스로 생활해 나가며 활동하는 것'을 말한답니다.

그렇다면 사회에서는 독립이 어떻게 쓰일까요? 바로 '나라나 단체가 홀로 서는 것'을 말해요. 한 나라나 단체가 다른 나라나 단체의 간섭과 구속을 당하지 않고 스스로 자유롭게 문제를 결정하고 처리할 수 있는 권리를 '주권' 또는 '자주권'이라고 해요. 그래서 나라는 주권을, 단체는 자주권을 완전하게 가지는 것을 독립이라고 한답니다.

과목별

한 나라가 주권을 완전하게 행사할 수 있음.

예문

- 일본에 나라를 빼앗겼지만 나라 곳곳에서 독립을 위해 힘쓰는 의병들이 생겨났다.
- 소련이 붕괴되고 15개의 공화국은 각각의 독립국이 됐다.

생활 속

다른 사람이나 단체에 묶이지 않고 스스로 생활하고 활동함.

예문

- 나는 성인이 되자마자 부모님으로부터 독립하기로 결심했다.
- 형은 다니던 회사로부터 독립을 준비하고 있다.

꼬리에 꼬리를 무는 사회 어휘!

독립

대한 독립군

1919년에 만주에서 홍범도를 중심으로 조직된 항일 독립군.

독립심

남에게 의지하지 않고 살려는 마음.

독립생활

남에게 의지하거나 도움을 받지 않고 자기 힘으로 생활함.

독립국

독립된 주권을 가진 나라. 국제법상 한 나라로서 완전한 능력을 갖추고 있으며 나라 안팎의 문제를 독자적으로 결정해요.

독립운동

일제 강점기에 우리 민족이 독립하기 위해 하던 여러 가지 민족 운동.

독립선언문

1919년 3·1 운동 때 한국의 독립을 세계에 선포한 선언서.

비슷한 말을 알아봐요.

자립(自立) 남에게 속하거나 의지하지 않고 스스로의 힘으로 해냄.

[사회] 그 회사는 기술 자립을 위해 외국 회사와의 계약을 끝냈다.

[생활] 나는 취직을 하면서 자립 생활을 시작했다.

자주(自主) 남의 보호나 간섭을 받지 않고 스스로 해 나감.

[사회] 미국은 영국과의 전쟁에서 승리함으로써 자주 국가가 됐다.

[생활] 우리 반은 문제를 자주적으로 해결했다.

BONUS

학습도구어 더하기 - 속담, 관용어, 사자성어

속 장구 치는 사람 따로 있고 고개 까닥이는 사람 따로 있나

나 혼자 독립적으로 할 수 있는 일을 아무 상관 없는 사람에게 나눠서 하자고 함.

관 제 앞을 차리다

제 앞에 닥친 일을 옳게 분별해 독립적으로 잘 처리함.

사 독야청청(獨也靑靑)

남들이 모두 포기하는 상황에서도 홀로 독립적으로 자신의 가치를 지키며 존재함.

난이도 ★★★☆☆

15 동의

지원이가 낸 의견에 아이들이 찬성한 것처럼 사회에서 '동의'는 상대방의 의견이나 생각을 좋다고 판단해서 받아들이는 일을 말해요.

동의는 이럴 때 쓰는 말이에요.

"제5회 학급 회의를 시작하겠습니다. 부반장은 이번 학급 회의의 주제를 말씀해 주세요."

"오늘 회의의 주제는 '학예제에서 부를 합창곡 정하기'입니다. 최지원 학생이 낸 의견은 '고운 한글이 들어간 동요를 합창곡으로 정하자'인데요. 과반수의 동의를 얻으면 찬성으로 알고 이 안건을 채택하겠습니다. 그럼 투표로 정하겠습니다. 모두 신중히 생각한 후 투표해 주세요."

아이들은 곰곰이 생각하고 투표함에 종이를 넣었어요. 그리고 결과가 나왔답니다.

"투표 결과는 찬성 20표, 반대 5표입니다. 과반수의 동의를 얻었으므로 이 안건은 통과됐습니다. 자세한 사항은 다음 회의 시간에 의논하겠습니다. 이것으로 학급 회의를 마칩니다."

짝짝짝! 선생님은 아이들을 흐뭇하게 바라보며 박수를 보냈어요.

학급 회의가 끝나고 모둠별로 그림을 그리는 미술 시간이 됐어요. 수민이는 모둠 친구들에게 물감을 먼저 사용해도 되는지 동의를 구했어요.

"응. 수민이 네가 먼저 사용해. 그리고 우리가 차례대로 사용할게."

이렇게 사회적 의미의 동의는 '상대방과 의견을 같이하는 것'을 말하고, 생활적 의미의 동의는 '상대방이 하는 행동을 받아들이고 인정하는 것'을 말해요.

이런 뜻이에요.

동의의 동(同)은 '한가지', '같다'를 뜻하고, 의(意)는 '뜻', '생각'을 뜻해요. 두 글자를 합치면 '한가지 뜻', '생각이 같다'라는 의미가 만들어져요. 이는 여러 사람의 생각이 같고 하나로 의견이 통일됐다는 뜻이에요. 즉 사회에서 쓰이는 동의는 '두 사람 이상이 의사나 의견을 같이하는 것'을 말해요. '그 생각이나 의견에 동의한다'라는 예문으로 사용할 수 있답니다.

그렇다면 생활에서는 동의가 어떻게 쓰일까요? '하나로 생각이 같다'라는 것은 그 사람의 행동도 받아들이는 거예요. 행동은 생각에서 비롯되거든요. 그래서 생활에서 동의는 '다른 사람의 행동을 받아들이는 것', '다른 사람이 어떤 행동을 할 때 괜찮다고 인정하거나 허락하는 것'을 말한답니다.

'다른 사람의 의견이나 주장, 생각을 받아들이는 것'은 사회적 의미의 동의이고, '다른 사람의 행동을 인정하고 받아들이는 것'은 생활적 의미의 동의로 구분해서 사용하면 돼요.

과목별

상대방과 의견을 같이함.

예문

- 지역 주민들은 공원 조성 계획에 대해 동의하며 협력했다.
- 대통령의 중요한 정책은 국회의 동의를 받아야 한다.

생활 속

상대방의 행동을 받아들이거나 허락함.

예문

- 나는 짝에게 동의를 구하고 내가 먼저 물을 먹었다.
- 체험 학습을 가려면 부모님의 동의가 있어야 한다.

꼬리에 꼬리를 무는 사회 어휘!

동의

동의서

어떤 문제에 대한 동의를 표시하는 서류.

동의자

의견에 찬성하는 사람.

동의 의사

다른 사람의 의견이나 행동을 받아들이고 인정한다는 생각.

동의성

의견을 같이하려는 성질.

동의율

일에 동의하는 비율.

비슷한 말을 알아봐요.

일치(一致) 어긋나지 않고 서로 꼭 맞음.

[사회] 그 안건은 국회에서 만장일치로 통과됐다.

[생활] 영어는 발음과 글자가 일치하지 않기도 한다.

찬성(贊成) 다른 사람의 행동이나 의견, 주장을 옳거나 좋다고 판단함.

[사회] 내 의견은 회의 참석자 과반수의 찬성을 얻었다.

[생활] 나는 네 생각에 찬성이야!

BONUS 학습도구어 더하기 - 속담, 관용어, 사자성어

속 품 안의 자식

자식이 어릴 땐 부모의 뜻에 언제나 동의하지만 커서는 그렇지 않음.

관 내 말이 그 말(이다)

상대방의 생각이나 의견에 동의함.

사 만장일치(滿場一致)

모든 사람이 같은 의견에 동의함.

난이도 ★☆☆☆☆

16 모습

농촌에서 농사를 짓는 것처럼
사회에서 '모습'은 자연이나 사물, 생활 방식
등이 겉으로 보이는 모양새를 말해요.

모습은 이럴 때 쓰는 말이에요.

"선생님, 저는 어제 외삼촌 댁 과수원에 갔었어요. 과일을 따는 기계가 있더라고요."

"요즘은 농촌도 예전과 다른 모습이지. 예전에는 기계보다 사람이 하는 일이 더 많았단다."

농촌에서는 논과 밭, 하천, 비닐하우스에서 과일, 채소 등을 재배하는 모습을 볼 수 있어요. 이웃과의 공동 작업이 많아서 서로 관계가 돈독하고 옹기종기 모여 사는 모습이랍니다.

"선생님, 우리 삼촌은 김 양식을 하세요. 그래서 삼촌 덕분에 집에 김이 늘 많아요. 히히."

어촌 사람들은 바다와 갯벌에서 물고기, 조개, 굴 등을 잡거나 양식을 하고 소금을 얻기도 해요. 모두 여럿이 함께 일하는 경우가 많아서 어촌 사람들도 대부분 모여 사는 모습이에요.

"산지촌에서는 산비탈에 있는 계단식 논이나 밭에서 농사를 짓는단다. 벌을 기르기도 하고 버섯을 재배하거나 약초를 캐기도 해. 함께 일하지는 않아서 집들이 흩어져 있는 모습이지. 그런데 수지야, 오늘따라 계속 웃는 모습이네? 무슨 좋은 일 있니?"

"헤헤. 제가 그랬나요? 오늘 미국에서 공부하던 언니가 오거든요. 오랜만에 보는 거라 너무 좋아요."

이렇게 사회적 의미의 모습은 '자연이나 사물의 겉으로 드러난 모양'을 말하고, 생활적 의미의 모습은 '사람의 겉으로 드러난 생김새'를 말해요.

이런 뜻이에요.

순우리말인 모습이 생활에서 사용될 때는 '사람의 생긴 모양'을 뜻해요. '엄마의 웃는 모습', '인자하신 할머니의 모습' 등으로 쓰인답니다. 이때는 '생김새', '용모' 등의 단어와 비슷한 의미로 사용돼요.

그렇다면 사회에서는 모습이 어떻게 쓰일까요? 바로 '자연, 사물, 사회 현상 등이 겉으로 드러난 모양'을 말해요. '한강의 모습', '서울의 모습', '시장의 모습'처럼 말이에요. 이때는 '모양', '형태', '겉모양' 등의 단어와 비슷한 의미로 사용돼요. 또한 '어떤 것이 남기고 간 자리나 흔적'도 모습이라고 해요. 이때는 '신라의 옛 모습', '어린 시절의 모습' 등으로 쓰일 수 있답니다.

과목별

자연이나 사물의 겉모양. 자리나 흔적.

예 문

- 지금과 100년 전의 서울은 매우 다른 모습이다.
- 이 성터에는 백제의 옛 모습이 남아 있다.

생활 속

사람의 생긴 모양.

예 문

- 돌아가신 할머니의 웃는 모습이 떠올라서 괜히 눈물이 났다.
- 이 과자를 보고 좋아할 동생의 모습을 상상했다.

꼬리에 꼬리를 무는 사회 어휘!

모습

겉모습

겉으로 드러난 모습.

본모습

원래 모습.

뒷모습 증후군

지나친 교육열로 인해 자녀가 가족과 함께 있는 시간이 줄어들면서 자녀의 얼굴보다 뒷모습을 보는 것이 더 익숙해진 사회 현상.

속 모습

겉으로 드러나지 않는 모습.

참모습

거짓이나 꾸밈이 없이 진실한 모습.

비슷한 말을 알아봐요.

모양새(模樣새) 겉으로 나타나는 생김새와 상태.

[사회] 섬처럼 바람이 많이 부는 지역의 집은 높이가 낮고 주변에 돌담이 둘러싸인 모양새이다.

[생활] 이 과자는 모양새가 특이하다.

형태(形態) 어떤 구조가 일정하게 갖추고 있는 형식. 생김새나 모양.

[사회] 우리나라는 대부분 핵가족 형태이다.

[생활] 어른이 되니 얼굴 형태가 변했다.

BONUS 학습도구어 더하기 - 속담, 관용어, 사자성어

속 사람의 얼굴은 열[열두] 번 변한다

사람은 사는 동안 모습이 많이 변함.

관 코끝도 안 보인다

어디에도 모습을 나타내지 않음.

사 십인십색(十人十色)

열 사람의 열 가지 색이라는 뜻으로, 사람은 모습이나 생각이 저마다 다름.

난이도 ★★☆☆☆

17 문제

학교의 왕따, 언어폭력처럼 사회에서 '문제'는 사회적으로 해결이 어려워 여러 사람이 의논하거나 연구해야 하는 일을 말해요.

문제는 이럴 때 쓰는 말이에요.

"선생님. 제 친구네 학교에서 왕따 문제가 생겨서 시끌시끌했대요. 지금은 잘 해결돼서 다행이지만요. 왜 그런 문제가 생기는 걸까요? 정말 속상해요."

"그랬구나. 왕따 문제나 아이들 간에 생기는 싸움, 언어폭력 등 여러 청소년 문제는 주변에서 흔하게 일어날 수 있어. 이 사회는 규범으로 여겨지는 것들이 있는데 규범은 사회의 질서를 위해 반드시 지켜야 하는 거잖니? 그런데 그것에서 벗어나는 일을 한다면 그게 바로 청소년 문제이고 사회 문제란다. 더 나아가서 법으로 금지된 일을 하는 경우는 범죄가 되는 거야."

"네. 앞으로는 그런 문제들이 생기지 않았으면 좋겠어요. 그러고 보니 학교는 정말 작은 사회 같아요. 사회에서 일어날 수 있는 일들이 모두 일어나니까요. 그런데 선생님, 사회에 나가면 수학 문제는 안 푸는 거죠? 이 문제가 너무 어려워요!"

"후후. 그러면 우리 모두 함께 이 문제를 풀어 볼까?"

"싫어요! 선생님은 공부를 너무 좋아하시는 게 문제예요. 으앙."

이렇게 사회적 의미의 문제는 '해결은 어렵지만 변화를 위해 논의와 연구가 필요한 일'을 말하고, 생활적 의미의 문제는 '답이 있어야 하는 질문', '해결하기 곤란한 일'을 말해요.

이런 뜻이에요.

문제의 문(問)은 '묻다', '질문하다'를 뜻하고, 제(題)는 '물음'을 뜻해요. 두 글자는 모두 '어떤 것을 묻고 질문하다'라는 의미를 담고 있어요. 즉 생활에서 쓰이는 문제는 '답이 있어야 하는 물음'을 말해요. 간혹 어렵고 곤란한 일에 부딪혔을 때 머릿속에 '어떻게 해야 하지?'라는 질문이 떠오를 거예요. 그래서 '해결하기 어렵거나 곤란한 일'도 문제라고 한답니다.

그렇다면 사회에서는 문제가 어떤 의미로 쓰일까요? 이것 또한 사람들의 머릿속에 '어떻게 해야 할까?'라는 물음이 생기는 일을 말해요. 즉 '해결하기 힘들거나 곤란한 일이지만 더 좋은 방향으로 나아가야 해서 서로 의견을 모으고 연구해야 하는 것'을 사회에서 문제라고 한답니다.

과목별

연구 대상, 의논해야 하는 대상이 됨.

예문
- 환경 오염 문제는 다 같이 해결해야 한다.
- 평균 수명이 늘어나면서 노인 문제가 심각해지고 있다.

생활 속

답이 있어야 하는 물음. 해결하기 어렵고 곤란한 일.

예문
- 이건 연습 문제였으니 이제 더 어려운 문제를 풀어 보자!
- 내일이 학예제 날인데 강당 천장에 문제가 생겼다.

꼬리에 꼬리를 무는 사회 어휘!

문제

문제의식

문제점을 찾고 그것에 적극적으로 대처하려는 태도.

농촌 문제

농촌의 생활 상태나 생활 조건이 더 좋아지고 농민의 정신을 깨우치는 것에 관한 문제.

사회 문제

사회 제도가 있음에도 발생하는 모든 문제. 실업 문제, 교통 문제, 주택 문제, 공해 문제, 청소년 문제 등이 있어요.

노동 문제

노동자들의 경제적, 사회적 지위를 개선하기 위해 노동자와 자본가 사이에 일어나는 사회 문제.

도시 문제

도시의 구조적 불균형에서 발생하는 문제. 도시 인구가 갑자기 많아지면서 주택, 교통, 실업, 범죄의 원인이 되는 것을 말해요.

비슷한 말을 알아봐요.

이슈(issue) 여럿이 서로 다른 주장을 내며 다툴 때 중심이 되는 문제.

[사회] 최근 우리 사회는 젊은이들의 실업 문제가 큰 이슈이다.

[생활] 요즘 가요계 최고의 이슈인 그 가수가 갑자기 활동을 중단했다.

쟁점(爭點) 서로 옳다고 다투는 이유 중 가장 중심이 되는 부분.

[사회] 핵폐기물 처리 문제는 그 지방 사람들 사이에 가장 뜨거운 쟁점이다.

[생활] 우리 대화의 쟁점은 동아리에 신입생을 더 뽑아도 되는지에 관한 것이었다.

BONUS 학습도구어 더하기 - 속담, 관용어, 사자성어

속 불난 데서 불이야 한다

어떤 문제를 가리기 위해 잘못을 저지른 사람이 남보다 먼저 떠들어 댐.

속 쓰다 달다 말이 없다

어떤 문제에 대해 아무런 반응도 하지 않고 의견도 내지 않음.

관 급한 불을 끄다

우선 가장 급한 문제를 처리해 해결함.

사 수수방관(袖手傍觀)

팔짱을 끼고 보고만 있다는 뜻으로, 문제를 알고도 해결하지 않고 방치함.

난이도 ★★★☆☆

18 문화

옛날의 불국사나 오늘날의 스마트폰처럼 사회에서 '문화'는 삶을 편리하고 아름답게 하는 모든 것을 말해요.

문화는 이럴 때 쓰는 말이에요.

"선생님, 주말에 가족들과 경주에 다녀왔어요. 첨성대도 보고 불국사와 국립 박물관에도 갔었는데 볼 게 많아서 시간이 모자랄 정도였어요."

"와! 지원이가 신라의 다양한 국가 유산을 둘러보고 왔구나."

국가 유산은 옛 문화 중에서도 '다음 세대에 물려줄 만한 가치가 있는 것'을 말해요. 우리 조상 대대로 전해 내려온 건축물, 과학 발명품뿐만 아니라 예술 활동이나 기술 등 인류가 다양한 문화 활동으로 만들어 낸 것들로, 문화재 또는 문화유산이라고도 불린답니다.

"몇백 년 후에 후손들은 남겨진 지금 우리의 문화를 보고 신기해하겠죠? 스마트폰, 컴퓨터, 현대 미술 작품들 말이에요. 타임머신이 있다면 미래로 가서 보고 왔을 텐데!"

"선생님, 저는 주말에 엄마와 미술관에 갔었어요. 잔잔한 음악도 흐르고 도서관도 있어서 책을 읽을 수 있는 곳이었어요. 여러 문화 활동을 모두 할 수 있어서 정말 좋았어요."

"아, 새로 생긴 복합 문화 센터에 갔었구나. 민희도 좋은 시간을 보냈네!"

이렇게 사회적 의미의 문화는 '사람들이 삶을 풍요롭고 편리하며 아름답게 하려고 만든 것'을 말하고, 생활적 의미의 문화는 '예술 작품, 폭넓은 지식 등을 즐기고 따르는 것'을 말해요.

이런 뜻이에요.

문화의 문(文)은 '학문이나 예술', '글자'를 뜻하고, 화(化)는 '되다', '따르다'를 뜻해요. 두 글자를 합치면 '학문이나 예술을 따르다'라는 의미가 만들어져요. 여기서 학문과 예술은 '여러 가지 예술 작품', '넓고 깊은 지식', '도덕적이고 품위 있는 생활 방식', '삶을 풍요롭고 아름답게 하는 것' 모두를 아우른답니다. 즉 생활에서 쓰이는 문화는 '학문과 예술을 추구하거나 따르는 생활 방식'을 말해요. 책을 읽거나 음악과 미술을 감상하는 장소를 '문화적인 공간'이라고 하고 그것들을 즐기는 생활을 '문화생활'이라고 표현하는 것과 같아요.

그렇다면 사회에서는 문화가 어떻게 쓰일까요? 학문과 예술은 자연스럽게 생겨난 것이 아니라 사람이 만들어 가는 것이에요. 그래서 '자연 상태에서 벗어나 삶을 풍요롭고 편리하며 아름답게 만들기 위해 사람들이 만든 물질적인 것이나 정신적인 활동'을 통틀어 문화라고 해요. 의식주를 비롯해 언어, 풍습, 예술, 종교, 학문, 각종 제도, 여러 가지 생활 양식 모두가 문화에 포함된답니다.

과목별

삶을 편리하고 아름답게 하기 위해 사람이 만든 물질적이고 정신적인 것.

예문
- 백제문화단지에서는 백제의 우아한 문화를 느낄 수 있다.
- 요즘 MZ 세대는 개인주의적인 문화를 가지고 있다.

생활 속

도덕적인 생활 방식, 예술 작품 등을 느끼며 그것을 추구함.

예문
- 쓰레기를 막 버리는 것은 문화 시민으로서 할 일이 아니다.
- 이곳은 다양한 문화를 함께 즐길 수 있는 곳이다.

꼬리에 꼬리를 무는 사회 어휘!

문화

문화재

문화 활동으로 만들어진 가치가 뛰어난 사물.

문화 시설

도서관, 극장, 학교, 박물관 등 문화를 누리고 발달시키는 데 필요한 시설.

문화유산

다음 세대에 계승되고 상속할 만한 가치를 지닌 것들.

다문화

한 사회 안에 여러 민족이나 여러 국가의 문화가 섞여 있는 것.

농경 문화

농사를 경제 기반으로 형성된 문화.

비슷한 말을 알아봐요.

문명(文明) **여러 가지 기술적, 물질적인 발전으로 이뤄짐. 글이 매우 뛰어남.**

[사회] 이곳은 기원전 2000년부터 찬란한 문명을 꽃피운 곳이다.

[생활] 그 작가는 60대가 돼 문명을 떨쳤다.

문물(文物) **문화에서 나온 모든 것으로, 종교, 예술, 학문, 정치, 경제 등에 관함.**

[사회] 구드래나루터선착장은 백제의 문물을 일본으로 전해 주던 곳이다.

[생활] 이 책은 우리나라의 문물을 연구하는 귀중한 자료이다.

BONUS

학습도구어 더하기 - 속담, 관용어, 사자성어

속 벼 이삭은 익을수록 고개를 숙인다

교양이 있고 문화적이며 인격이 높은 사람일수록 겸손하고 남 앞에서 자기를 내세우려 하지 않음.

관 대문을 열다

정치, 경제, 문화 등 여러 분야에서 외부와의 관계를 가짐.

사 홍익인간(弘益人間)

널리 인간을 이롭게 함. 단군의 건국 이념이며 우리나라 정치, 교육, 문화의 최고 이념.

난이도 ★★☆☆☆

19 발달

편리해진 교통처럼 사회에서 '발달'은 기술, 제도, 사회 현상 등이 지금보다 더 좋아지고 수준이 높아지는 것을 말해요.

발달은 이럴 때 쓰는 말이에요.

"선생님, 책에서 읽었는데 옛날에는 과거 시험을 치기 위해 한 달씩 걸어서 한양에 갔대요. 어휴! 이렇게 교통이 발달한 시대에 태어난 게 얼마나 다행인지 몰라요."

"하하하. 예전에는 서울에서 부산까지 가려면 4시간, 5시간씩 걸리는 기차를 탔었어. 교통이 얼마나 발달했는지 실감 나지 않니?"

우리나라는 경제가 성장하면서 교통도 발달하기 시작했어요. 수많은 도로와 고속 도로들이 전국을 연결했고 많은 공항이 건설돼 고속 철도가 놓이면서 지역 간의 이동 거리가 단축됐고 생활권의 범위가 넓어졌어요. 교통이 발달하면 사람과 물자의 이동이 활발해져 관광 산업이 발달한답니다. 또 교통이 편리한 지역은 산업도 발전하고 인구도 늘어나요.

다음 시간은 국어 시간이에요. 지원이가 멋진 동시를 지어 발표했어요.

"선생님, 독서는 제 감성을 발달시키는 데 도움을 주는 것 같아요. 헤헤."

"맞아. 독서 활동, 음악, 미술 활동은 감성과 재능을 더 발달시킨단다."

이렇게 사회적 의미의 발달은 '제도나 기술 등이 더 나아지거나 높은 수준에 이르는 것'을 말하고, 생활적 의미의 발달은 '정서나 마음이 더 높은 수준에 이르거나 성숙해지는 것'을 말해요.

이런 뜻이에요.

발달의 발(發)은 '나타나다'를 뜻하고, 달(達)은 '훤히 알다', '도달하다'를 뜻해요. 두 글자를 합치면 '나타난 것을 훤히 알다', '도달해서 나타내다'라는 의미가 만들어져요. '도달하다'라는 것은 '목적한 곳이나 원하는 수준에 이르는 것'을 뜻해요. 그렇다면 무엇을 훤히 알게 되어 도달한다는 것일까요? 바로 '학문, 기술, 문명, 사회의 현상이 지금보다 더 나아지거나 더 높은 수준에 이르는 것'을 말한답니다. 이것이 사회에서 쓰이는 발달의 의미예요.

또한 발(發)의 '드러내다'라는 뜻과 달(達)의 '도달하다'라는 뜻을 합치면 '도달해서 드러내다'라는 의미가 만들어지지요? 이는 우리 몸이나 지능, 마음이 발전한 것을 드러내는 것과 같아요. 즉 생활에서 쓰이는 발달은 '지능, 정서, 신체가 성장하고 성숙하게 되거나 더 높은 수준에 이르게 되는 것'을 말한답니다.

과목별

기술, 학문, 제도 등이 더욱 높은 수준에 이름.

예문

- 지구상에는 문명의 발달이 전혀 이뤄지지 않은 곳이 남아 있다.
- 통신 수단의 발달은 지구촌을 하나로 연결해 준다.

생활 속

정서, 신체 등이 성장하고 성숙해짐.

예문

- 꾸준한 운동은 신체를 발달시키는 데 영향을 준다.
- 어릴 때부터 영상 매체를 너무 많이 접하면 지능의 발달이 늦어질 수도 있다.

꼬리에 꼬리를 무는 사회 어휘!

발달

집단 발달
새로 만들어진 집단이 단계를 거쳐 집단으로서의 활동을 할 수 있는 상태로 발달해 가는 일.

미발달
아직 발달하지 못함.

발달사
어떤 부분이 발달해 온 과정의 역사.

발달상
산업이 발달한 모습.

행동 발달 검사
사람마다 각 시기별로 행동이 성장하거나 성숙한 정도를 알아보는 검사.

문명 발달
인류가 이뤄 낸 기술적, 물질적, 사회 구조적 발전이 더 높은 수준이 됨.

비슷한 말을 알아봐요.

발전(發展) 더 좋은 상태로 나아감.

[사회] 경제 발전은 국민의 의식 수준에도 영향을 미친다.

[생활] 형은 자기 발전을 위해 책도 많이 읽고 운동도 꾸준히 한다.

성장(成長) 사물의 규모, 세력, 집단이 커짐. 사람이나 동식물이 자라서 커짐.

[사회] 한국의 경제는 지난 70년간 눈부신 성장을 해 왔다.

[생활] 얼마 전 태어난 우리 집 강아지가 하루가 다르게 성장하고 있다.

BONUS 학습도구어 더하기 - 속담, 관용어, 사자성어

속 고인 물에 이끼가 낀다

흐르지 않고 한곳에 고여 있는 물은 썩는다는 뜻으로, 사람은 부지런히 일해서 자기 능력을 발달시켜야 함.

관 눈이 트이다

새로운 것을 이해하거나 깨달아 사물이나 현상을 판단하는 안목이 발달하게 됨.

사 박학다식(博學多識)

학문과 지식이 널리 발달함.

난이도 ★★☆☆☆

20 발전

마을이 더 편리하고 살기 좋은 곳이
되는 것처럼 사회에서 '발전'은
더 낫고 좋은 상태가 되는 일을 말해요.

발전은 이럴 때 쓰는 말이에요.

"선생님, 어제 미국에서 오랜만에 놀러 온 사촌과 함께 할머니 댁에 다녀왔어요. 그런데 사촌이 '할머니 댁이 몰라보게 발전했어!'라며 깜짝 놀라지 뭐예요? 저는 자주 가서 못 느꼈는데 말이에요."

"그렇구나. 할머니 댁 마을이 그렇게 많이 발전했니?"

"음…… 우선 제가 아주 어릴 때 마을은 조용하고 경치 좋은 시골이었어요. 논이랑 밭이 많았고 길은 울퉁불퉁했고요. 냇가도 돌을 밟고 건넜었는데 지금은 다리도 생기고 길도 넓어졌어요. 건물과 아파트도 많이 생겼고요. 예전에는 버스도 잘 오지 않는 곳이었는데 버스 노선도 많아졌더라고요. 지금 생각해 보니 갈 때마다 조금씩 발전하고 있었던 것 같아요."

"그 마을이 계속 발전해서 사람들이 모두 살기 좋은 곳이 되면 좋겠구나."

쉬는 시간이 되었어요. 오늘따라 은호의 얼굴이 유난히 어두워 보이네요.

"선생님, 할아버지께서 기침으로 입원하셨는데 결국 폐렴으로 발전됐대요. 너무 걱정돼요."

"휴, 온 가족이 걱정이 많겠구나. 치료만 잘 받으시면 괜찮은 병이니까 너무 염려하지 마."

이렇게 사회적 의미의 발전은 '더 살기 좋고 편리하게 되는 것'을 말하고, 생활적 의미의 발전은 '일이 어떤 방향으로 나아가는 것'을 말해요.

이런 뜻이에요.

발전에서 발(發)은 '꽃이 피다'를 뜻하고, 전(展)은 '나아지다'를 뜻해요. 두 글자를 합치면 '꽃이 피듯 나아지다'라는 의미가 만들어져요. 즉 사회에서 쓰이는 **발전**은 '어떤 상황이나 사물이 더 좋은 상태나 더 높은 단계로 나아가는 것'을 말한답니다.

또한 발(發)의 '출발하다', '떠나다'라는 뜻과 전(展)의 '나아가다'라는 뜻을 합치면 '나아가기 위해 출발하다'라는 의미가 만들어지지요? 앞으로 나아가기 위해 출발하면 당연히 내 앞에 어떤 일이 펼쳐질 거예요. 즉 생활에서 쓰이는 **발전**은 '일이 어떤 방향으로 전개되는 것', '일이 어떤 쪽으로 흘러가는 것'을 말한답니다.

과목별

지금보다 더 나은 상태로 좋아짐.

예문

- 인류 문명의 **발전**은 큰 강을 중심으로 이뤄졌다.
- 이 도시는 화학 공업을 중심으로 **발전**했다.

생활 속

일이 어떤 쪽으로 흘러감.

예문

- 삼촌과 외숙모는 친구 사이에서 결혼까지 **발전**했다고 한다.
- 부탁받은 일이 더 좋은 방향으로 **발전**돼 뿌듯했다.

꼬리에 꼬리를 무는 사회 어휘!

발전

발전성

더 낫고 좋은 상태가 될 가능성.

발전사

발전해 온 과정에 관한 역사.

경제 발전

경제적, 사회적 구조의 변화로 국민 소득 및 1인당 소득이 증가하는 과정.

발전 가능성

더 낫고 좋은 상태로 나아갈 가능성.

사회 발전 단계

인류 사회가 발전하면서 거쳐 온 단계.

비슷한 말을 알아봐요.

발달(發達) 학문, 기술 등이 높은 수준이 됨. 몸이나 지능이 커지고 나아짐.

[사회] 이곳은 넓은 평야가 발달해 벼농사를 많이 짓는다.

[생활] 형은 운동 신경이 발달해서 모든 운동을 잘한다.

진보(進步) 정도나 수준이 나아지거나 높아짐.

[사회] 통신 산업의 진보는 개인의 생활도 바꿔 놓았다.

[생활] 나의 영어 실력은 작년에 비해 크게 진보했다.

BONUS

학습도구어 더하기 - 속담, 관용어, 사자성어

속 다람쥐 쳇바퀴 돌듯

앞으로 나아가거나 발전하지 못하고 제자리걸음만 함.

관 앉아(서) 뭉개다

앞으로 나아가지 못하고 제자리에서 발전이 없음.

사 일취월장(日就月將)

날마다 나아가고 달마다 성장한다는 뜻으로, 꾸준한 발전과 향상을 나타냄.

난이도 ★☆☆☆☆

21 방법

제주도에 가는 방법으로 배나 비행기를 타는 것처럼 사회에서 '방법'은 목적한 일을 이루기 위해 수단으로 삼는 일을 말해요.

방법은 이럴 때 쓰는 말이에요.

"정우야, 나 보건실에 좀 다녀올게. 아직도 속이 메스꺼워. 제주도에 갈 때는 비행기를 탔는데 올 때는 배를 탔거든. 그래서 멀미를 하는 바람에 고생했어. 난 배랑 안 맞나 봐!"

"휴, 얼른 다녀와. 그런데 제주도는 비행기만 타고 가는 줄 알았는데 다른 방법이 있구나."

그때 갑자기 선생님이 창밖에서 교실로 얼굴을 쑥 내밀었어요.

"멀미에는 신선한 공기가 최고지. 민수야, 운동장에서 바람도 좀 쐬고 교실로 들어오렴."

"앗! 깜짝이야! 선생님은 참 다양한 방법으로 교실에 오시는 것 같아요. 히히."

"하하하. 그런가? 선생님은 어제 춘천에 다녀왔단다. 평소에는 KTX나 차로 가는데 어제는 다른 방법으로 다녀왔지. 바로 고속버스!"

선생님과 아이들이 주말 이야기로 한참일 때 서윤이는 무엇인가 고민에 빠져 있네요.

"무슨 좋은 방법이 없을까? 우리 동아리는 정원이 꽉 찼는데 민지가 가입하고 싶대."

"동아리 친구들과 상의해 봐. 봉사 동아리이니까 친구들이 많을수록 좋을 것 같아."

이렇게 사회적 의미의 방법은 '어떤 일을 하기 위한 수단'을 말하고, 생활적 의미의 방법은 '일을 처리하는 방식'을 말해요.

이런 뜻이에요.

방법의 방(方)은 '방향', '두루', '모두'를 뜻하고, 법(法)은 '법', '모양'을 뜻해요. 여기서 '방(方)' 자는 '주변'이나 '모든'이라는 뜻도 들어 있어서 '여러', '모두', '널리'라는 의미로 쓰여요. 그래서 두 글자를 합치면 '여러 가지 법', '여러 모양'이라는 의미가 만들어져요. '어떤 일을 할 때 여러 가지 방식으로 일을 처리하는 것'이라는 뜻이에요. 그래서 사회에서 쓰이는 방법은 '목적을 이루기 위해 하는 일의 수단'을 말해요. '공정한 선거 방법인 투표'는 '공정한 선거를 위한 수단인 투표'라는 말과 의미가 같고 '서울에 가는 방법으로 기차를 탔다'는 '서울로 가는 수단으로 기차를 이용했다'라는 말과 같은 것처럼 말이에요.

또한 방(方)의 '방법'이라는 뜻과 법(法)의 '법'이라는 뜻을 합치면 '방법과 방식', '법과 형식'이라는 의미가 만들어지지요? 즉 생활에서 쓰이는 방법은 '어떤 일을 이루기 위해 취하는 방식이나 일을 처리하는 방식'을 말해요. '문제를 푸는 방법', '종이를 접는 방법', '가습기 사용 방법' 등으로 사용할 수 있답니다.

과목별

목적을 이루기 위해 하는 일의 수단.

예문

- 부산에서 서울로 가는 방법은 다양하다.
- 옛날에는 수레와 말이 중요한 교통 방법이었다.

생활 속

하고자 하는 일의 방식.

예문

- 선생님은 종이배를 접는 방법을 설명해 주셨다.
- 나는 동생에게 청소기를 사용하는 방법을 알려 줬다.

꼬리에 꼬리를 무는 사회 어휘!

방법

생산 방법
물건을 생산하는 기술적 방법.

물대기 방법
논밭에 물을 대는 여러 가지 방법.

개방식 건설 방법
터널이 건설될 깊이까지 땅을 파 내려가 터널 구조물을 만든 다음 그것을 다시 묻는 건설 방법.

선택 조립 방법
허용하는 오차 범위 안에서 크기에 맞는 부품을 선택적으로 조립하는 방법.

방법 공학
작업을 더욱 쉽게 수행하고 작업 시간을 단축하며 비용을 줄이기 위해 연구하는 산업 공학의 접근 방식.

접근 방법
컴퓨터 프로그램을 통해 데이터를 프로그램과 연결하는 방법.

비슷한 말을 알아봐요.

방식(方式) **정해진 방법이나 절차.**

[사회] 우리 동아리는 선거 방식을 두고 의견이 나뉘었다.

[생활] 문제 푸는 방식이 틀려서 답도 틀린 거야.

수단(手段) **목적을 이루는 방법이나 도구.**

[사회] 낙타는 사막의 중요한 교통수단이다.

[생활] 동생은 나를 설득하는 수단이 뛰어나다.

BONUS 학습도구어 더하기 - 속담, 관용어, 사자성어

속 쪽박 쓰고 비 피하기

곤란한 일을 당했을 때 당황해서 저도 모르는 사이에 어리석은 방법으로 일을 처리하려 함.

관 답이 안 나오다

해결 방법이 없거나 생각나지 않음.

사 고육지책(苦肉之策)

스스로 희생하면서까지 쓰는 최후의 방법.

난이도 ★☆☆☆☆

22 방향

지도와 나침반을 이용해 시장의 위치를 찾듯 사회에서 '방향'은 가고자 하는 장소가 향한 쪽을 말해요.

방향은 이럴 때 쓰는 말이에요.

오늘은 지도 보는 법을 체험해 보기로 했어요. 아이들은 종이 지도와 동서남북 방향을 표시하는 나침반을 손에 들고 설레는 마음으로 학교를 나섰어요. 하지만 기대와 달리 얼마 가지 않아 길 한쪽에서 의견이 나뉘고 말았답니다. 선생님은 아이들이 어떻게 하나 지켜봤어요.

"이 방향으로 가야 해! 지도에서 보면 동쪽 방향으로 가라고 나오잖아."

"여기를 기준으로 방향을 찾아야지. 휴, 지도와 나침반만으로 방향을 찾는 건 힘들구나."

지도를 봐도 방향을 잃었지만 마지막 골목에서 오른쪽 방향으로 돌아선 순간이었어요.

"앗! 찾았다. 드디어 시장 입구가 보여!"

선생님도 안도의 미소를 지었어요.

"와! 우리 반이 해냈어. 하하하. 뿌듯하구나!"

"선생님, 시장을 금방 찾을 줄 알았거든요? 그런데 제가 생각한 방향과 달라서 당황했어요. 쉬울 줄 알았는데…… 히히."

이렇게 사회적 의미의 방향은 '원하는 곳으로 가는 쪽'을 말하고, 생활적 의미의 방향은 '일정한 목표를 향해 나아가는 것'을 말해요.

이런 뜻이에요.

방향에서 방(方)은 '장소'를 뜻하고, 향(向)은 '향하다', '따르다'를 뜻해요. 두 글자를 합치면 '향하는 장소', '따르는 장소'라는 의미가 만들어져요. 즉 사회에서 쓰이는 방향은 '어떤 곳을 향한 쪽', '원하는 장소나 위치로 향하는 것'을 말해요. 그리고 '방(方)' 자는 '동, 서, 남, 북' 방위를 나타내기도 해서 방향은 '동쪽 방향', '남쪽 방향'처럼 동, 서, 남, 북 뒤에 붙여 부르기도 한답니다.

또한 방(方)의 '방향'이라는 뜻과 향(向)의 '나아가다'라는 뜻을 합치면 '어떤 방향으로 나아가다'라는 의미가 만들어지지요? 생활에서 쓰이는 방향은 '눈으로 보이는 장소뿐만 아니라 내가 뜻하는 목표를 향해 노력하고 나아가는 것'을 말해요.

과목별

어떤 장소나 위치를 나타내는 쪽.

예문

- 형은 집과 반대 방향으로 걸어가고 있었다.
- 나는 공이 날아가는 방향으로 힘차게 뛰어갔다.

생활 속

생각하고 있는 한 가지 목표를 향해 나아감.

예문

- 생각이 점점 슬픈 방향으로 흘러가서 눈물이 났다.
- 나는 앞으로 나아갈 방향을 잘 잡아 꿈을 이룰 것이다.

꼬리에 꼬리를 무는 사회 어휘!

방향

방향 표지
도로의 방향을 알려 주는 안내 표지.

방향 지시등
자동차에서 방향이 바뀌는 것을 알리는 장치.

방향 표지판
방향을 알리는 표지판.

방향 감각
자신의 위치와 방향을 알아채는 능력.

방향표
향해 가는 쪽을 보일 때 쓰는 부호. 화살표로 나타내요.

방향 탐지기
비행기나 배에 설치돼 목표물의 위치를 아는 데 사용하는 기계.

비슷한 말을 알아봐요.

경로(徑路) 지나는 길. 일이 이뤄지고 있는 방법이나 순서.

[사회] 아빠는 서울에서 부산까지 가는 경로를 검색하고 계신다.

[생활] 나는 여러 경로를 통해 농구를 잘하는 법을 알아 놓았다.

목표(目標) 목적으로 삼아 가야 하는 곳이나 이루려는 것.

[사회] 나는 목표 지점을 향해 열심히 달려갔다.

[생활] 우리 반은 합창 대회 1등을 목표로 삼았다.

BONUS 학습도구어 더하기 - 속담, 관용어, 사자성어

속 산에 가야 범을 잡지

호랑이를 잡으려면 산에 가야 한다는 뜻으로, 내가 가야할 길의 방향을 제대로 잡아야 목표를 이룰 수 있음.

관 앞서거니 뒤서거니

같은 방향으로 나가면서 서로 앞에 서기도 하고 뒤에 서기도 하는 모양새.

사 지지부진(遲遲不進)

매우 느려서 일이 원하는 방향으로 잘 흘러가지 않음.

난이도 ★★★★☆

23 변화

맑은 하늘에서 갑자기 비가 쏟아지는 것처럼 사회에서 '변화'는 기후, 경제, 사회, 정치의 분야가 바뀌고 달라지는 일을 말해요.

실험은 이럴 때 쓰는 말이에요.

우당탕퉁탕! 아이들이 운동장에서 급하게 교실로 들어오고 있어요.

"분명히 맑은 하늘이었는데 이렇게 갑자기 소나기가 쏟아지다니! 피할 새도 없었어!"

요즘 날씨는 아침, 저녁으로 기온 변화가 심해요. 그리고 예상치 못한 기상 변화까지 겹쳐서 갑자기 소나기가 쏟아지기도 한답니다.

"변덕스러운 날씨구나. 여름에는 대기가 불안정해서 날씨의 변화가 심해. 높은 기온으로 따뜻하고 습한 공기가 구름을 자주 만들고 급하게 만들어진 구름은 바로 비를 쏟아내거든."

"어제는 집에 가는 길에 비바람도 너무 세게 몰아쳐서 무서웠어요. 정말로 여름은 다른 계절에 비해 기상 변화가 심한 것 같아요."

쉬는 시간이 되자 은호가 선생님께 속닥속닥 귓속말을 했어요.

"선생님, 그런데 제 짝 수민이도 여름 날씨처럼 기분 변화가 심한 것 같아요. 조심해야 해요. 저는 단짝 친구라서 표정 변화만 봐도 마음을 읽을 수 있거든요. 히히."

이렇게 사회적 의미의 변화는 '기후, 경제, 사회, 정치 등이 바뀌고 달라지는 것'을 말하고, 생활적 의미의 변화는 '사람의 마음이나 외면, 사물의 모양이나 성질이 바뀌는 것'을 말해요.

이런 뜻이에요.

변화의 변(變)은 '변하다', '고치다'를 뜻하고, 화(化)는 '되다'를 뜻해요. 두 글자를 합치면 '변하게 되다'라는 의미가 만들어져요. 즉 사회에서 쓰이는 변화는 '기후, 경제, 사회, 정치 등 환경면에서 바뀌고 달라지는 것'을 말해요. 맑은 날씨에서 비가 오는 날씨로 바뀌는 것은 날씨가 변화하는 것이고 경제 사정이 좋아지거나 나빠지는 것은 경제가 변화하는 것을 나타내는 것처럼 말이에요.

그렇다면 생활에서는 변화가 어떻게 쓰일까요? 바로 '사물의 성질, 모양, 상태가 바뀌어 달라지는 것'을 말해요. 또한 '사람의 기분이나 마음 상태가 바뀌어 달라지는 것'도 변화라고 한답니다.

과목별

기후, 경제, 사회, 정치 등 환경적으로 바뀌거나 달라짐.

예문

- 산은 높이에 따라 기온의 변화가 심하다.
- 광주 민주화 운동은 민주주의에 대한 변화의 물결이었다.

생활 속

사물의 성질이나 모양 등이 바뀜.

예문

- 우리 눈의 동공은 밝기에 따라 크기가 변화한다.
- 빨래를 잘못해서 옷이 누렇게 변화해 버렸다.

꼬리에 꼬리를 무는 사회 어휘!

변화

일변화

하루 동안의 기온, 기압, 습도 등의 변화.

기후 변화

한 지역에서 오랜 기간에 걸쳐서 진행되는 기상 변화.

변화표

변화를 나타내는 도표.

지역 변화

어느 지역의 온도, 염분, 압력, 함유 산소량 등의 시간 변화율.

변화 폭

사물의 성질, 모양, 상태 따위가 바뀌어 달라지는 정도나 범위.

비슷한 말을 알아봐요.

변동(變動) 바뀌어 달라짐.

[사회] 명절을 앞두고 사과의 가격이 크게 변동했다.

[생활] 다음 주에 가는 여행 계획이 변동됐다.

변환(變換) 달라져 바뀜. 다르게 해서 바꿈.

[사회] 이 장난감에는 햇빛을 전기로 변환시키는 태양 전지판이 붙어 있다.

[생활] 열에너지는 물질의 상태를 변환시킨다.

BONUS 학습도구어 더하기 - 속담, 관용어, 사자성어

속 태산이 평지 된다

자연이나 사회의 변화가 몹시 심함.

관 어제(가) 다르고 오늘(이) 다르다

변화하는 속도가 매우 빠름.

사 변화무상(變化無常)

늘 변화해 하나로 정해진 것이 없음.

우리 동네 지도

3장

ㅅ~ㅇ으로 시작하는 학습도구어

생산 | 생활 | 설치 | 시대 | 역사

역할 | 영향 | 운동 | 위치 | 이용

난이도 ★★☆☆☆

24 생산

지우개 공장에서 지우개를 만드는 것처럼 사회에서 "생산"은 자원을 개발해서 필요에 맞게 물건을 만들어 내는 일을 말해요.

생산은 이럴 때 쓰는 말이에요.

"선생님, 아빠 친구 분께서 학용품 회사에 근무하시는데요. 공장에서 새로운 학용품이 많이 생산됐다고 가져다주셨어요. 그래서 친구들과 나눠서 사용하면 좋을 것 같아서 들고 왔어요."

"와! 그 회사에 지우개 생산량이 늘어서 회사가 더 잘됐으면 좋겠구나. 하하하."

"선생님, 이익을 보려면 생산량이 아니라 판매량이 늘어야 하는 거 아니에요?"

"정확히 말하자면 생산량뿐만 아니라 판매량도 늘어야 이익으로 남게 되는 거란다."

그때 앞문으로 지호가 무엇인가를 낑낑대며 들고 등교했어요.

"선생님! 할아버지께서 농사를 지으시는데 이번 연도에 쌀이 많이 생산돼 그 쌀로 떡을 만드셨대요. 우리 집에도 보내셨길래 다 같이 먹으려고 가지고 왔어요. 히히. 아, 그리고 올해 쌀 생산이 많아서 쌀 가공식품 회사에 많이 판매할 수 있겠다고 좋아하셨어요."

"맞아. 쌀의 생산량이 많아지면 쌀 가공식품의 생산이 늘고 상품 가격은 떨어지겠지? 그러면 소비자는 쌀 가공식품을 저렴하게 먹을 수 있어. 이것이 바로 경제 구조란다."

이렇게 사회적 의미의 생산은 '사람이 필요한 물건을 만들어 내는 것'을 말하고, 생활적 의미의 생산은 '자연이 자연물을 만들어 내는 것'을 뜻해요.

이런 뜻이에요.

생산의 생(生)은 '나다', '생기다', '발생하다'를 뜻하고, 산(産)은 '나다', '생기다'를 뜻해요. 두 글자 모두 '무엇이 나고 생기고 발생하다'라는 의미를 가지고 있어요. 즉 사회에서 쓰이는 생산은 '인간이 생활하는 데 필요한 각종 물건을 만들어 내는 것'을 말해요. 자연으로부터 자원을 개발해서 인간의 필요에 맞게 변형시키는 것이에요. 그래서 생산은 '사람이 살아가는 데 필요한 각종 물건이나 서비스를 만들어 내는 일'이라고 생각하면 돼요.

그렇다면 생활에서는 생산이 어떻게 쓰일까요? 바로 '자연에서 수확하거나 자연이 만드는 것'을 말해요. 인간이 만들어 내는 것이 아닌 얻어 내는 것이지요. '사과 생산량'은 사과나무에 사과가 얼마나 열렸는지를, '쌀 생산량이 많다'라는 것은 벼에서 얼마큼의 쌀을 수확했는지에 대한 것으로 '양(세거나 잴 수 있는 분량이나 수량)'을 나타낸답니다.

과목별

사람이 생활하는 데 필요한 물건을 만듦.

예문

- 공장의 생산 시설이 자동화돼 사람의 노동력이 적게 필요하다.
- 스마트폰과 컴퓨터의 발달로 텔레비전의 생산량이 줄어들었다.

생활 속

자연에서 자연물을 얻음.

예문

- 중동 지역은 세계적인 석유 생산 지역이다.
- 이 마늘은 의성에서 생산된 마늘이다.

꼬리에 꼬리를 무는 사회 어휘!

생산

생산량

일정한 기간 동안 물건이 생산되는 수량.

생산지

어떤 물품을 만들어 내는 곳.

생산력

어떤 물건을 만들어 낼 수 있는 능력. 노동력과 생산 수단의 양에 따라 달라져요.

생산물

생산되는 물건.

생산비

어떤 물건을 생산하는 데 드는, 원료비, 노력비 등을 통틀어 이르는 말.

비슷한 말을 알아봐요.

제작(製作) 재료를 이용해 새로운 물건, 기계, 예술 작품을 만듦.

[사회] 이 그릇은 열에 강한 소재로 제작됐다.

[생활] 이 영화는 제작 기간만 3년이 걸렸다.

제조(製造) 공장에서 큰 규모로 물건을 만들거나 원재료를 다듬어 제품을 만듦.

[사회] 우리 회사는 이 음료수의 제조법을 비밀로 하고 있다.

[생활] 할머니는 떡을 제조하는 자격증이 있으시다.

BONUS 학습도구어 더하기 - 속담, 관용어, 사자성어

속 백사지에 무엇이 있나

모래밭에 무엇이 나겠느냐는 뜻으로, 땅이 메말라 생산되는 것이 없음.

관 본보기를 내다

본보기가 될 만한 물건을 생산함.

사 주경야독(晝耕夜讀)

낮에는 농사짓고 밤에는 글을 읽는다는 뜻으로, 어려운 여건 속에서도 꾸준히 공부하는 생산적이고 성실한 삶을 나타냄.

난이도 ★☆☆☆☆

25 생활

생활은 이럴 때 쓰는 말이에요.

"드디어 겨울이구나! 선생님은 겨울을 좋아해. 두꺼운 옷을 입으면 포근하잖니. 하하하. 이렇게 계절은 사람들의 생활에 영향을 끼쳐서 계절에 따라 옷차림과 주로 먹는 음식이 달라진단다."

우리나라는 사계절이 뚜렷해서 계절에 맞게 생활 방식이 달라져요. 그리고 사람들의 생활 모습은 사는 곳의 기후, 계절, 지형 등의 자연환경에 따라 다르게 나타나기도 한답니다.

"선생님. 더운 나라는 우리와 생활 모습이 다르대요. 땅의 열기도 피하고 해충이 집 안에 들어오는 것을 막으려고 집을 땅에서 띄워 짓고 음식이 상할까 봐 튀기는 음식이 많고요."

"맞아. 반대로 북극과 같은 추운 지역 사람들은 동물 가죽으로 만든 털옷이나 가죽옷을 입고 생활해. 그리고 과일이나 채소가 잘 자라지 않기 때문에 주로 동물과 물고기를 먹지."

쉬는 시간에 준호가 쪼르르 선생님에게 다가갔어요.

"선생님, 이번에 저희 할아버지께서 35년 동안 교사 생활을 하시다가 정년 퇴임하셨어요."

"와! 선생님도 아이들과 오래도록 지내고 싶어. 교사 생활이 정말 행복하거든."

이렇게 사회적 의미의 생활은 '살아서 활동하고 경험하는 것'을 말하고, 생활적 의미의 생활은 '일정한 조직체에 속해서 구성원으로 활동하는 것'을 말해요.

이런 뜻이에요.

생활의 생(生)은 '살다', '태어나다', '태어나서 생명을 얻다'를 뜻하고, 활(活)은 '살다', '움직임이 활발하다', '활동하다'를 뜻해요. 두 글자를 합치면 '살아서 움직이다', '살아서 활동하다'라는 의미가 만들어져요. 즉 '사람이나 동물이 어떤 환경에서 활동하면서 살아가는 것', '살면서 경험하고 활동하는 것'을 뜻한답니다. 이것이 사회에서 쓰이는 생활이에요.

그렇다면 생활에서는 생활이 어떻게 쓰일까요? 바로 '조직체에서 구성원으로 속해 움직이는 것'을 말해요. 개인이 살아서 활동하는 것에서 더 나아가 '조직에서 활동하는 것'을 뜻한답니다. '교사 생활', '경찰 생활', '변호사 생활' 등으로 사용돼요.

과목별

생명이 있는 동안 살아서 활동하고 경험함.

예문
- 다큐멘터리 제작팀은 한 달 동안 야생 동물의 생활을 관찰했다.
- 매일 늦잠을 자는 나쁜 생활 습관은 빨리 고치는 게 좋다.

생활 속

한 조직의 구성원으로 활동함.

예문
- 삼촌은 경찰 생활만 10년째이다.
- 아빠는 직장 생활 20년 동안 결근을 한 번도 하지 않으셨다.

꼬리에 꼬리를 무는 사회 어휘!

생활

생활비
생활하는 데 드는 비용.

공동생활
한 공간에서 여럿이 서로 도우며 사는 생활.

가족생활
가족 구성원 간의 생활.

생활 환경
생활하고 있는 주위의 자연적 조건이나 사회적 상황.

문화생활
문화를 느끼고 즐기는 생활.

생활 수준
사람들이 벌어서 쓰는 돈의 많고 적음에 따라 얼마나 편리하고 넉넉하게 살고 있는지를 나타내는 정도.

생활 공동체
가까운 관계로 함께 생활하는 공동체. 가족, 촌락, 민족 등이 있어요.

생활권
학교와 직장을 다니거나 쇼핑, 오락 등의 일상생활을 하기 위해 활동하는 범위.

비슷한 말을 알아봐요.

생애(生涯) 살아 있는 평생의 기간.

[사회] 그 독립투사는 전 생애를 우리나라 독립을 위해 애썼다.

[생활] 오늘은 내 생애 최고의 날이야!

활동(活動) 어떤 일을 활발히 함. 몸을 움직여 행동함.

[사회] 우리 학교는 금요일마다 동아리 활동을 하고 있다.

[생활] 다리가 다 낫긴 했지만 당분간은 활동을 조심해야 해.

BONUS 학습도구어 더하기 - 속담, 관용어, 사자성어

속 한시를 참으면 백 날이 편하다

잠깐의 화를 참으면 앞으로의 생활이 편하다는 뜻으로, 화가 나더라도 참는 것이 좋음.

관 교단에 서다 ↔ 교단을 떠나다

교사 생활을 함. ↔ 교사 생활을 그만둠.

사 안빈낙도(安貧樂道)

가난한 생활을 하지만 그것에 만족하며 편안한 마음으로 지냄.

난이도 ★★★★☆

26 설치

공원에 새로운 운동 기구를 놓은 것처럼 사회에서 '설치'는 일정한 목적으로 기관이나 기구를 세우고 만드는 일을 말해요.

설치는 이럴 때 쓰는 말이에요.

"선생님, 동네 공원에 새로 설치된 운동 기구들 보셨어요? 신기한 기구들이 많아서 저절로 운동하고 싶은 기분이 들더라니까요. 게다가 공공도서관도 문을 열었잖아요. 도서관이 여기저기 설치되니 책도 많이 읽을 수 있고 정말 좋아요. 몸은 튼튼, 지식은 쑥쑥! 히히."

"하하하. 선생님도 어제 공원에서 운동하고 왔단다. 좀 건강해 보이지 않니? 물론 도서관도 가 봤지. 새로 나온 책도 많고 엘리베이터도 설치돼 있어서 이용하기 편리하더구나."

공공시설은 '국가나 지방 자치 단체가 국민 생활을 더 편리하고 풍요롭게 하려고 설치하는 시설'이에요. 모든 사람이 이용할 수 있는 병원, 도서관, 회관, 체육관, 도로, 공원, 신호등, 운동장, 놀이터 등이 있어요. 공공시설을 설치하는 비용은 모든 주민의 세금을 모아서 만든답니다.

그때 앞문이 열리면서 옆 반 친구들이 선생님을 불렀어요.

"선생님, 강당으로 오시래요. 지금 조명등을 설치해야 한대요."

"드디어 학예제 조명등을 설치하는구나! 얼마나 예쁜지 너희들이 보면 깜짝 놀랄걸?"

이렇게 사회적 의미의 설치는 '다양한 목적으로 기관, 단체 등을 만드는 것'을 말하고, 생활적 의미의 설치는 '어떤 일을 처리하기 위해 기계 등을 갖추는 것'을 말해요.

이런 뜻이에요.

설치의 설(設)은 '세우다', '설립하다'를 뜻하고, 치(置)는 '두다', '세우다'를 뜻해요. 두 글자를 합치면 '세워서 두다', '설립하고 세우다'라는 의미가 만들어져요. 무엇을 설립하고 세워서 두는 것일까요? 바로 '어떤 기관이나 조직 등을 세우고 설립하는 것'을 뜻한답니다. 기관은 사회에서 '어떤 목적을 위해 만든 곳'을 말하고 조직은 '어떤 목적을 위해 만든 집단'을 말해요. 책을 읽기 위한 기관은 '도서관'이고 의료에 관계된 사람들의 단체는 '의료 조직'인 것처럼 말이에요. 즉 사회에서 쓰이는 설치는 '일정한 목적을 위해 어떤 기관이나 조직 등을 구성하는 것'을 말한답니다.

또한 설(設)의 '갖춰지다'라는 뜻과 치(置)의 '두다'라는 뜻을 합치면 '갖춰 두다'라는 의미가 만들어지지요? 이것은 생활에서 쓰이는 설치로 '어떤 일을 하는 데 필요한 기계나 설비 등을 준비해서 갖춰 두는 것'을 말해요.

과목별

어떤 목적을 위해 기관이나 조직을 만듦.

예문

- 마을이 커지면서 큰 병원과 체육관이 설치됐다.
- 이곳에는 노인들을 위한 노인 전문 병원이 설치될 예정이다.

생활 속

일을 하는 데 필요한 기계나 설비 시설을 갖춤.

예문

- 아빠는 내 방에 컴퓨터를 설치해 주셨다.
- 과학실에는 화재를 대비한 소화기가 곳곳에 설치돼 있다.

꼬리에 꼬리를 무는 사회 어휘!

설치

설치물

필요하다고 생각돼 설치해 놓은 물건.

설치 조건

구조물을 설치하기 위한 조건. 전기적 조건, 공간적 조건, 작업 환경 등을 말해요.

재설치

이미 한 번 설치한 적이 있는 설비나 시설, 프로그램 등을 다시 설치함.

설치권

작품이나 조형물, 시설 등을 설치할 수 있는 권리.

설치 기간

프로그램 등을 도입해 설치하고 시험 평가에 사용될 때까지 걸리는 시간.

비슷한 말을 알아봐요.

시설(施設) 일정한 구조물을 만듦. 설비나 장치 등을 차려 놓음.

[사회] 이곳은 상하수도 시설이 잘돼 있어서 비가 많이 와도 걱정이 없다.

[생활] 이 백화점은 시설은 좋지만 서비스가 부족하다.

장치(裝置) 일을 원만하게 하려고 설정된 조직 구조나 규칙.
목적에 맞는 기계 등을 달아서 붙이거나 갖춤.

[사회] 사각지대에 놓인 청소년을 위한 제도적 장치가 필요하다.

[생활] 이 박물관에는 곳곳에 도난 방지 장치가 있다.

BONUS 학습도구어 더하기 - 속담, 관용어, 사자성어

속 방죽을 파야 개구리가 뛰어들지

물이 고일 수 있는 둑을 설치해 놓아야 개구리가 뛰어든다는 뜻으로, 원하는 결과를 위해서는 그에 맞는 준비를 갖춰야 함.

관 열 손 한 지레

여러 사람의 힘보다 설치된 기계 한 대를 이용하는 것이 효율적이고 편리함.

사 금상첨화(錦上添花)

비단 위에 꽃을 더한다는 뜻으로, 이미 좋은 것에 좋은 것을 더 설치해 더욱 좋게 만듦.

난이도 ★★☆☆☆

27 시대

고려 시대, 조선 시대처럼 사회에서 '시대'는 역사적으로 나뉜 기간을 말해요.

시대는 이럴 때 쓰는 말이에요.

"와! 이게 뭐야? 너무 신기해!"

아이들이 무엇인가를 보며 다 같이 이야기 중이에요.

"아니! 이것은! 조선 시대 때 사용하던 엽전인 상평통보구나. 선생님도 실제로는 처음 봐!"

옛날 돈은 지금과 다르게 둥글고 얇은 모양이며 가운데에 네모난 구멍이 뚫려 있답니다.

"옛날 엽전은 시대마다 모양과 이름이 달라. 고려 시대만 해도 건원중보, 동국통보, 삼한중보 세 종류가 있었고 조선 시대에도 조선통보, 상평통보, 당백전 등 세 종류가 있었지. 우리나라 최초의 지폐는 1893년 대한 제국 시대에 나왔는데 당시에 사용이 활발하지는 못했어. 그러다 1945년 광복이 되고 1백 원짜리 조선은행권이 나오면서 많이 쓰이게 됐단다."

다들 옛날 돈 이야기가 한참일 때 진수가 지호의 스마트폰을 보고 눈이 휘둥그레졌어요.

"어? 지호야. 이거 이번에 나온 최신 스마트폰이잖아. 기능이 다양하다며?"

"내가 시대를 좀 앞서가긴 하지. 후훗. 사실 삼촌이 이 핸드폰 회사에 다니셔서 특별히 생일 선물로 주신 거야. 그렇게 좋은 핸드폰인지도 몰랐어. 히히."

이렇게 사회적 의미의 시대는 '역사에서 어떤 기준을 정해 나눈 일정한 시간의 구간'을 말하고, 생활적 의미의 시대는 '지금 이 시간', '지금 이때'를 말해요.

이런 뜻이에요.

시대의 시(時)는 '때', '기한', '지금 이 시간', '기준이 있는 어떤 시간'을 뜻하고, 대(代)는 '일생', '세대'를 뜻해요. 두 글자를 합치면 '지금 이 세대', '지금 이 일생'이라는 의미가 만들어져요. 즉 사회에서 쓰이는 시대는 '어떤 기준으로 구분한 일정한 기간', '역사적으로 어떤 표준으로 정해진 일정 기간'을 말해요. '고조선 시대', '중세 시대' 등으로 사용된답니다.

또한 시(時)의 '당시', '그때'라는 뜻과 대(代)의 '일생', '세대'라는 뜻을 합치면 '일이 있었던 바로 그때', '지금의 이 시기'라는 뜻이 만들어져요. 이것은 생활에서 쓰이는 시대의 뜻으로 '대화 주제로 삼고 있는 지금 이때'를 말해요. '이 시대의 가장 유명한 발명품', '우리 시대 최고의 노래' 등으로 사용된답니다.

과목별

어떤 기준으로 나뉜 일정한 기간.

예문

- 뗀석기, 간석기, 비파형 동검 등은 우리나라 선사 시대를 대표하는 유물이다.
- 조선 시대의 백자는 당시 선비들이 추구하던 현실적이고 실용적인 사고방식과 맞아떨어진다.

생활 속

지금 이 시기.

예문

- 여자는 힘이 약하다는 말은 이제 시대에 뒤떨어지는 생각이다.
- 요즘 같은 시대에도 미신을 믿는 사람이 있어?

꼬리에 꼬리를 무는 사회 어휘!

시대

석기 시대

돌을 이용해 칼, 도끼 등의 기구를 만들어 쓰던 시대. 구석기 시대와 신석기 시대로 나뉘어요.

청동기 시대

무기, 생산 도구와 같은 기구를 청동으로 만들어 사용하던 시대.

시대상

한 시대의 사회상.

철기 시대

기구들을 철기로 만들어 쓰던 시대.

선사 시대

글로 쓰인 기록이 존재하지 않는 시대. 석기 시대와 청동기 시대를 말해요.

비슷한 말을 알아봐요.

세기(世紀) **일정한 역사적 시대. 100년을 세는 단위나 기간.**

[사회] 컴퓨터의 발명은 인류 역사에 새로운 세기를 열었다.

[생활] 우리 생활은 21세기에 들어서면서 많은 변화가 있었다.

시절(時節) **일정한 시기. 일 년이 되풀이되는 자연 현상으로 나눈 그 한 철.**

[사회] 1980년대는 정치적으로 어두운 시절이었다.

[생활] 봄꽃이 한창 아름답게 피는 시절에는 사람들의 표정도 밝고 아름답다.

BONUS 학습도구어 더하기 - 속담, 관용어, 사자성어

속 흐르는 물은 썩지 않는다

고인 물은 썩고 흐르는 물은 썩지 않는다는 뜻으로, 사람은 부지런히 일하고 공부해야 시대에 뒤떨어지지 않고 성장함.

관 물결(을) 타다

시대에 맞게 잘 행동함.

사 태평성대(太平聖代)

평화롭고 안정된 시대를 가리킴.

난이도 ★★☆☆☆

28 역사

세종대왕과 이순신 장군의 위대함을 기록해 놓은 것처럼 사회에서 '역사'는 있었던 사실에 의미를 더해 기록으로 남기는 일을 말해요.

역사는 이럴 때 쓰는 말이에요.

"내가 이렇게 말하는 것도 역사일까? 그리고 내 일기도 역사가 되는 걸까?"

"에헴, 옥 도사 등장이요! 역사는 과거에 있었던 사실을 기록한 것이지만 과거에 있었던 모든 일이 역사가 되는 것은 아니란다. 물론 준우의 일기는 준우만의 역사가 될 수 있지."

역사는 '과거에 있었던 사실과 그것에 대한 역사가의 해석이 더해진 것'을 말해요. 또한 해석은 '객관적인 사실을 바탕으로 후세에 남길 만하고 중요하다고 여기는 사실을 선택해 의미를 부여하는 일'을 뜻해요. 우리 역사에서 한글을 창제한 세종대왕의 위대함과 이순신 장군의 애국심을 높이 사는 것도 역사가의 해석이 더해졌다고 볼 수 있어요. 그리고 문자가 발명되기 이전의 역사는 당시 물건이나 무덤 등으로 그 역사를 추측했답니다.

쉬는 시간에도 아이들은 역사적 인물에 대해 이야기하며 역사 이야기가 끊이지 않았어요.

"이것 좀 봐. 이 시계는 역사가 오래된 시계야. 좀 낡긴 했지만 근사하지?"

"와! 그러네. 길고 긴 역사를 담고 있는 것처럼 보여."

이렇게 사회적 의미의 역사는 '고대부터 우리 인류가 어떻게 변해 왔는지 역사학자의 해석으로 기록한 것'을 말하고, 생활적 의미의 역사는 '어떤 사물이 존재하고 변화한 과정'을 말해요.

이런 뜻이에요.

역사의 역(歷)은 '지나다', '세월을 보내다'를 뜻하고, 사(史)는 '기록된 문서'를 뜻해요. 두 글자를 합치면 '지나온 기록', '세월을 보낸 기록'이라는 의미가 만들어져요. 즉 사회에서 역사란 '우리 인류 사회의 지나온 과정을 기록한 것'을 말해요. 우리 사회가 오래전부터 변해 온 발전 과정 등을 기록한 것으로, 이것을 연구하는 학문도 역사라고 한답니다.

그렇다면 생활에서는 역사가 어떻게 쓰일까요? 바로 '어떤 사물이나 사실의 자취'를 말해요. '그 사물이 존재하고 변해 온 과정', '사실이 진행돼 온 과정'을 모두 역사라고 하며 '만년필의 역사', '국어의 역사', '도자기 제조의 역사' 등으로 사용돼요.

과목별

인류 사회의 변화 과정을 기록함.

예문

- 6·25 전쟁은 우리 역사에 아픈 기억으로 남아 있다.
- 장영실은 역사에 길이 남을 많은 발명품을 만들었다.

생활 속

사물이나 사실이 존재해 온 과정.

예문

- 우리나라 도자기의 역사는 아주 오래됐다.
- 이 책은 사투리의 역사를 상세하게 설명하고 있다.

꼬리에 꼬리를 무는 사회 어휘!

역사

역사 시대
문자로 쓰인 기록이 있는 시대.

역사 박물관
유물, 기념품, 옛날 문서, 기록 등 역사적 자료를 수집하고 보존하며 조사하고 연구하는 곳. 또한 그것을 사람들에게 공개하고 전시해 연구나 교육에 도움이 되도록 만든 박물관.

역사상
역사에 있는 바.

역사 교육
역사에 관한 지식을 가르치고 그것을 바탕으로 국가, 민족, 사회, 문화 등에 대해 생각하게 하는 교육.

역사의식
어떤 사회 현상을 역사적 관점에서 관심을 가지고 적극적으로 관계를 맺으려는 생각.

역사관
역사의 현상과 발전에 대한 법칙이나 원리를 밝혀 그것을 해석하는 관점.

비슷한 말을 알아봐요.

내력(來歷) 지금까지 지내 온 경로. 일이 이뤄진 까닭.

[사회] 우리 모둠은 우리 동네의 내력을 조사하기로 했다.

[생활] 삼촌이 이곳에 온 내력은 아무도 알지 못했다.

자취 역사나 문화, 정신 등이 남긴 영향. 어떤 것이 남기고 간 흔적이나 자리, 표시.

[사회] 우리는 신라의 자취를 더듬으며 경주를 돌아봤다.

[생활] 그 사건의 범인은 자취도 없이 사라졌다.

BONUS 학습도구어 더하기 - 속담, 관용어, 사자성어

속 삼대 거지 없고 삼대 부자 없다

삼대에 걸친 역사에 계속 거지 노릇만 하는 집안도 없고 계속 부자인 집안도 없다는 뜻으로, 많은 재산도 노력하지 않으면 오랫동안 유지될 수 없고 가난한 형편 또한 아무 이유 없이 오래 가지는 않음.

관 역사의 한 페이지를 장식하다

역사의 한 부분으로 적는다는 뜻으로, 중요한 일로 기념하거나 기록함.

사 온고지신(溫故知新)

옛것을 익혀 새것을 배운다는 뜻으로, 역사를 통해 교훈을 얻음.

난이도 ★★☆☆☆

29 역할

부모님은 집안일을, 우리는 공부를 하는 것처럼 사회에서 '역할'은 자기가 반드시 해야 할 일을 말해요.

역할은 이럴 때 쓰는 말이에요.

"선생님, 어제 고모 집에 갔는데요. 고모부께서 육아 휴직을 쓰셨더라고요."

"육아 휴직은 '아이를 키우기 위해 회사를 일정 기간 쉬는 것'을 말해. 현서 고모네 가족은 역할 분담을 지혜롭게 하시는구나. 옛날에는 가족의 역할이 지금과 좀 달랐어."

"저도 할아버지께 들었어요. 예전에는 여자가 집안일을 하고 자녀를 낳아 기르는 일이 주된 역할이었는데 남자는 직업을 가지고 중요한 일을 결정하는 역할을 했대요. 그리고 집안 남자 어른의 결정은 무조건 따르는 경우가 많았다고 하시더라고요."

현재는 중요한 일은 모든 가족 구성원이 함께 의견을 나누고 결정해요. 또 남자와 여자가 평등하다고 생각해서 굳이 성별이나 나이에 따라 역할을 구분하지 않는답니다.

그때 동아리 활동을 마친 지호가 헐레벌떡 교실로 뛰어 들어왔어요.

"선생님! 드디어! 연극 동아리에서 저에게 딱 어울리는 역할을 맡았어요! 왕자 역할이에요!"

"하하하. 축하한다. 지호야, 우리 모두 꼭 그 연극 보러 갈게. 열심히 연습하렴."

이렇게 사회적 의미의 역할은 '자기가 반드시 해야 할 일', '책임지고 하는 일'을 말하고, 생활적 의미의 역할은 '영화, 연극, 드라마 등에서 배우가 맡은 부분'을 말해요.

이런 뜻이에요.

역할의 역(役)은 '꼭 해야 하는 일', '일'을 뜻하고, 할(割)은 '나누다'를 뜻해요. 두 글자를 합치면 '꼭 해야 할 일을 나누다', '일을 나눠서 하다'라는 의미가 만들어져요. 여기서 '나누다'라는 것은 해야 할 일을 다른 사람과 나누는 것이 아니라 '내가 스스로 일을 나눠 모두 해내다'라는 뜻이에요. 그래서 사회에서 쓰이는 역할은 '내가 해야 할 맡은 바의 일', '마땅히 해야 하는 의무', '책임지고 하는 일'을 말한답니다.

그렇다면 생활에서는 역할이 어떻게 쓰일까요? 바로 '영화나 연극, 드라마, 뮤지컬 등에서 배우가 맡아서 하는 일'을 말해요. 배우들은 영화나 연극, 드라마 등에서 등장인물의 말과 행동을 대신 연기한답니다.

과목별

자기가 반드시 해야 하는 일.

예문

- 나는 반장뿐만 아니라 체육 부장 역할까지 해야 했다.
- 저 과학자는 우리나라 과학 발전에 중요한 역할을 했다.

생활 속

영화나 연극 등에서 배우가 맡은 역.

예문

- 나는 이번 연극제에서 어린 양 역할을 맡았다.
- 저 배우만큼 왕 역할을 잘하는 사람을 못 봤다.

꼬리에 꼬리를 무는 사회 어휘!

역할

사회적 역할

개인의 사회적 지위에 따라 기대되는 행동의 내용.

역할 이론

사회 조직이나 집단에서 담당하는 역할에 따라 개인이나 집단이 서로 어떤 관계를 맺고 어떻게 영향을 끼치는지 분석하는 이론.

역할군

사회적 지위에 걸맞은 여러 가지 역할들.

가족 역할

가족의 구성원 사이에 서로 할 수 있고 해야 한다고 생각되는 역할.

역할 기대

어떤 지위나 역할이 있는 사람에게 그 지위나 역할에 맞는 행동이나 태도를 기대하는 일.

비슷한 말을 알아봐요.

사명(使命) 맡겨진 일.

[사회] 형은 의료 봉사를 사명으로 생각하며 아프리카로 떠났다.

[생활] 언론사의 사명은 정확한 보도에 있다.

임무(任務) 맡은 일. 맡겨진 일.

[사회] 군인의 임무는 나라를 지키는 것이다.

[생활] 나는 동아리에서 새로운 임무를 맡았다.

BONUS 학습도구어 더하기 - 속담, 관용어, 사자성어

속 제사보다 젯밥에 정신이 있다

내가 맡은 역할은 제대로 하지 않고 이익이 있는 일에만 관심이 있음.

관 제 발로 걸어가다

남에게 의지하지 않고 자기의 힘으로 맡은 역할을 잘 해냄.

사 분골쇄신(粉骨碎身)

뼈를 가루로 만들고 몸을 부술 정도로 제 역할을 다하기 위해 노력함.

난이도 ★★☆☆☆

30 영향

겨울의 추위는 북쪽 시베리아의 찬 공기가 원인인 것처럼 사회에서 '영향'은 우리 생활에 미치는 지리, 환경, 자연적 조건들을 말해요.

영향은 이럴 때 쓰는 말이에요.

"선생님, 날씨는 왜 매일 변하나요? 그리고 성가신 여름 장마는 왜 생기는지 모르겠어요."

"공기는 항상 같은 자리에 있지 않기 때문이야. 그래서 고기압과 저기압의 위치가 늘 변하고 날마다 날씨가 다른 이유지. 여름에는 북쪽의 차가운 공기 덩어리와 남쪽의 더운 공기 덩어리가 서로 밀고 당기는 힘겨루기를 하는데 그 영향으로 장마 전선이 만들어지는 거란다."

차가운 공기 덩어리의 힘이 세지면 그 영향으로 우리나라는 맑고 서늘해지면서 가을이 돼요. 겨울은 북쪽 시베리아에서 내려온 차가운 공기 덩어리의 영향을 강하게 받는답니다. 봄은 이동하는 기압인 '이동성 고기압'의 영향을 받아 따뜻하고 건조한 날씨를 만들어요.

쉬는 시간이 되자 지원이와 희수는 좋아하는 운동선수에 관해 이야기하고 있어요.

"이 선수는 열심히 노력하는 모습이 어린이들에게 좋은 영향을 주는 것 같아."

"맞아. 요즘은 복지 활동으로 사람들에게 선한 영향력을 끼치고 있더라. 나도 닮고 싶어."

이렇게 사회적 의미의 영향은 '지리적, 환경적, 자연적인 조건들이 우리 생활을 변화시키거나 우리 생활에 관계하는 것'을 말하고, 생활적 의미의 영향은 '한 사람이나 어떤 사물이 다른 사물의 행동을 변화시키거나 사물을 변하게 하는 것'을 말해요.

이런 뜻이에요.

영향의 영(影)은 '모습'을 뜻하고, 향(響)은 '울리다', '메아리치다'를 뜻해요. 여기서 '메아리치다'라는 것은 '사물의 반응이 되돌아오는 것'을 가리켜요. 산에서 큰 소리를 내면 메아리로 돌아오듯이 말이에요. 두 글자를 합치면 '사물의 반응이 되돌아온 모습', '어떤 원인으로 인해 여러 가지 일이 일어나는 것'이라는 의미가 만들어져요. 즉 생활에서 쓰이는 **영향**은 '사물이나 사람의 고유한 성격이나 행동이 다른 사물이나 사람에게 미치는 것, 변화시키는 것'을 말한답니다.

그렇다면 사회에서는 **영향**이 어떻게 쓰일까요? 바로 '지리적, 환경적, 자연적인 조건들이 우리의 생활에 미쳐 우리 생활을 변화시키는 것'을 말해요. '산악 지대의 **영향**', '날씨의 **영향**', '장마의 **영향**' 등으로 사용한답니다.

과목별

우리 생활에 미치는 환경적이거나 지리적인 요인.

예문

- 내일은 고기압의 **영향**으로 전국이 맑을 것이라는 예보가 있었다.
- 농산물은 지리적 환경에 **영향**을 많이 받으므로 지역에 따라 생산되는 과일의 종류가 다르다.

생활 속

어떤 사물이나 사람이 다른 사물이나 사람의 변화를 불러옴.

예문

- 햇빛과 물은 식물의 성장에 직접적인 **영향**을 준다.
- 스마트폰의 **영향**으로 가족 간의 대화가 줄어들었다.

꼬리에 꼬리를 무는 사회 어휘!

영향

영향권
사람이나 사물의 효과나 작용이 미치는 범위.

영향력
사물의 효과나 작용이 다른 것에 미치는 힘이나 크기, 정도.

역영향
바라는 것과 반대되는 영향.

인적 영향
사람의 입을 통해 전해지는 영향.

비인적 영향
신문, 라디오, 텔레비전, 잡지 등의 대중 매체를 통한 영향.

비슷한 말을 알아봐요.

작용(作用) 어떤 현상을 일으킴.

[사회] 정치적 불안은 경제도 불안하게 만드는 작용을 한다.

[생활] 이 비누는 살균 작용을 한다.

효과(效果) 목적을 가지고 한 행동으로 나타나는 보람 있는 결과.

[사회] 이 공사는 산사태나 홍수를 예방하는 효과가 있다.

[생활] 몸이 튼튼해진 것은 매일 꾸준히 운동한 효과이다.

BONUS 학습도구어 더하기 - 속담, 관용어, 사자성어

속 미꾸라지 한 마리가 온 웅덩이를 흐려 놓는다

미꾸라지가 물을 흐리듯 한 사람의 악행이 여러 사람에게 나쁜 영향을 줌.

관 들었다 놓다

어떤 일이 매우 큰 영향을 미침.

사 우이독경(牛耳讀經)

소 귀에 경 읽기라는 뜻으로, 영향이 전혀 미치지 않음.

난이도 ★☆☆☆☆

31 운동

환경을 보호하기 위해 분리수거를 하는 것처럼 사회에서 '운동'은 목적을 이루기 위해 적극적으로 활동하는 것을 말해요.

운동은 이럴 때 쓰는 말이에요.

"기특하구나. 우리 민수도 환경 운동을 열심히 하고 있네."

묵묵히 분리수거하고 있는 민수를 보고 옥 선생님이 칭찬해 주셨어요.

"아무 데나 넣어 버려진 게 많아서요. 그런데 이렇게 사소한 것도 환경 운동이에요?"

"그럼! 자연을 보호하는 환경 운동에 참여하는 방법은 다양해. 생활 속에서 폐기물을 분리수거하고 종이, 플라스틱, 금속 등은 분리해 재활용해야 해. 우리들이 해야 하는 가장 중요한 환경 운동이란다. 민수처럼 일상에서 작은 실천으로 환경 운동을 하는 것이 필요하지."

그때 선생님이 갑자기 뉴스 진행자처럼 아이들에게 말했어요.

"그런데 말입니다. 여러분! 환경 운동을 열심히 하면서 우리 지구를 지키려면 튼튼한 체력이 가장 중요하겠지요? 그렇다면 무엇이 필요할까요?"

"운동을 해서 몸을 건강하게 만들어야 해요! 야호, 체육 시간이다! 운동장으로 나가자!"

이렇게 사회적 의미의 운동은 '사람이나 단체가 어떤 일을 이루고 더 나은 방향으로 변화시키기 위해 여러 가지 활동을 하는 것'을 말하고, 생활적 의미의 운동은 '건강을 위해 몸을 움직이는 일' 또는 '정해진 규칙과 방법으로 힘이나 기술을 겨루는 것'을 말해요.

이런 뜻이에요.

운동의 운(運)은 '옮기다', '움직이다'를 뜻하고, 동(動)도 '움직이다'를 뜻해요. 두 글자를 합치면 '움직이고 옮기다'라는 의미가 만들어져요. 여기서 움직이고 옮기는 것은 '사물이 아닌 사람의 몸'을 가리켜요. 즉 사회에서 쓰이는 운동은 '어떤 목적을 이루고 변화를 만들어 내기 위해 개인이나 단체가 적극적으로 여러 활동을 하는 것'을 말해요. '환경 보호 운동', '민주화 운동' 등에 쓰이는 운동이 모두 이 의미랍니다.

그렇다면 생활에서는 '몸을 움직이다'라는 뜻의 운동이 어떻게 쓰일까요? 바로 '몸을 튼튼하게 하고 건강을 위해서 몸을 움직이는 일'을 말해요. 또한 '일정한 규칙이나 방법에 따라 힘이나 기술을 겨루는 활동'도 운동이라고 한답니다.

과목별

목적하는 일을 이루기 위해 활동함.

예문

- 절약 운동을 실천하는 방법 중 하나는 불필요한 전기의 사용을 줄이는 것이다.
- 아빠는 대학생 때 민주화 운동에 직접 참여하셨다.

생활 속

일정한 규칙과 방법으로 힘이나 기술을 겨루는 일.
건강을 위해 활동하는 일.

예문

- 나는 운동 중에 축구가 제일 좋다.
- 우리 가족은 매일 아침 함께 운동한다.

꼬리에 꼬리를 무는 사회 어휘!

운동

독립운동

일제 강점기에 우리 민족이 독립하기 위해 여러 가지 민족 운동을 하던 일.

녹색 운동

자연환경의 보전을 위해 조직적이고 지속적으로 펼치는 운동.

동학 운동

1894년에 전봉준을 비롯한 동학도와 농민들이 함께 일으킨 농민 혁명. 봉건 체제를 개혁하고자 했으며 동학 운동은 항일 의병 투쟁과 3·1 운동으로 계승됐어요.

오일팔 민주화 운동

1980년 5월 18일에 전라남도 광주에서 일어난 대규모 민주화 운동.

선거 운동

선거에서 특정 후보자를 당선시키기 위해 벌이는 여러 가지 활동.

비슷한 말을 알아봐요.

행동(行動) 목적과 동기를 가지고 생각과 결심을 거쳐 움직임. 몸을 움직여 일을 함.

[사회] 독립운동가는 개인보다 집단을 위해 행동하는 사람들이다.

[생활] 건널목에서 장난을 치는 것은 위험한 행동이야!

활동(活動) 어떤 일의 성과를 얻기 위해 노력함. 몸을 움직여 행동함.

[사회] 나는 주말에 어려운 이웃을 위한 봉사 활동을 했다.

[생활] 이 옷은 활동하기 편해서 자주 입는다.

BONUS 학습도구어 더하기 - 속담, 관용어, 사자성어

속 가을 더위와 노인의 건강

가을의 더위와 노인의 건강은 오래갈 수 없으니 운동으로 잘 관리해야 함.

관 꼼짝 아니 하다[않다]

조금도 운동하거나 활동하지 않음.

사 고군분투(孤軍奮鬪)

따로 떨어져 도움을 받지 못하게 된 군사가 많은 수의 적군과 용감하게 잘 싸운다는 뜻으로, 운동 경기나 싸움에서 남의 도움을 받지 않고 힘든 일을 혼자 해 나감.

난이도 ★★☆☆☆

32 위치

지도에 우리 고장이 있는 것처럼 사회에서 '위치'는 일정한 곳에 장소가 자리를 잡은 일을 말해요.

위치는 이럴 때 쓰는 말이에요.

"자, 오늘은 우리 동네의 위치를 찾아보기로 했지? 먼저 종이 지도를 사용해 볼까?"

지도는 '위에서 내려다본 땅의 실제 모습을 줄여서 나타낸 그림'이에요. 지도를 이용하면 장소나 건물을 쉽게 찾을 수 있고 우리 고장의 모습이나 위치도 한눈에 볼 수 있답니다.

"선생님, 인터넷이나 스마트폰으로도 우리 동네의 위치를 찾아보고 싶어요."

"그럴까? 인터넷 지도나 지도 앱을 이용해서 우리 동네 이름을 검색하렴. 그리고 확대 단추나 축소 단추를 눌러서 동네의 위치를 보면 돼. 축소 단추를 누르면 점점 더 구체적으로 지역을 볼 수 있게 되는데 네가 사는 곳이 우리나라에서 어디쯤 위치하는지 알 수 있단다."

그런데 교실 한쪽에서는 큰 한숨 소리가 들려오고 있네요.

"선생님, 동아리 행사 문제로 의견이 너무 나뉘고 있어요. 심지어 서로 다투기도 했다니까요. 저는 동아리 회장을 맡고 있는 위치라 어느 한쪽 편을 들 수도 없고…… 어떡하죠?"

"흠, 성훈아. 친구들을 하나로 뭉치게 하려면 무엇보다 네 위치가 중요하겠구나."

이렇게 사회적 의미의 위치는 '일정한 곳에 자리 잡은 장소나 그 자리'를 말하고, 생활적 의미의 위치는 '사회적으로 담당하는 지위나 해야 하는 역할'을 말해요.

이런 뜻이에요.

위치의 위(位)는 '자리', '곳'을 뜻하고, 치(置)는 '두다', '세우다'를 뜻해요. 두 글자를 합치면 '세워 둔 자리', '세워 둔 곳'이라는 뜻이 만들어져요. 즉 사회에서 쓰이는 위치는 '사람이나 물건, 장소가 자리 잡은 곳', '사람이나 사물이 한 장소에 자리를 차지한 것'을 말한답니다.

또한 위(位)의 '자리를 잡다'라는 뜻과 치(置)의 '두다'라는 뜻을 합치면 '자리를 잡고 그곳에 두다'라는 의미가 만들어지지요? 여기서 자리를 잡은 것은 사물이 아니라 '사람이 사회적으로 맡고 있는 역할이나 지위'를 가리켜요. 즉 생활에서 쓰이는 위치는 '학생의 위치', 아빠는 회사에서 '과장의 위치', 삼촌은 병원에서 '간호사의 위치' 등으로 사용된답니다.

과목별

한 장소에 자리를 잡음. 그 자리나 그 장소.

예문

- 이 가게는 위치가 좋아서 장사가 아주 잘된다.
- 가구 위치를 바꾸니 거실이 훨씬 넓어 보인다.

생활 속

사회적으로 담당하는 역할.

예문

- 학생은 학생의 위치에 맞게 행동해야 한다.
- 여성의 사회적 위치는 오래전부터 지금까지 점점 달라졌다.

꼬리에 꼬리를 무는 사회 어휘!

위치

관계적 위치

한 지방과 그 주변 땅의 관계를 보는 위치.

원위치

원래 위치.

지리적 위치

위도(지구 위의 위치를 가로인 동서 방향의 눈금으로 표시한 것)와 경도(지구 위의 위치를 세로로 표시한 것)로만 나타내는 위치가 아니라 인간 생활과 관련해 나타낸 위치.

위치 정보

핸드폰 또는 그 사용자의 위치를 알려 주는 정보.

지리학적 위치

천문학 또는 지리학적 위도로 정해진 지구상의 어떤 지점의 위치.

비슷한 말을 알아봐요.

자리 물체가 차지하고 있는 공간이나 장소. 한 집단이나 조직의 지위나 역할.

[사회] 황룡사지는 신라 시대 최대 규모 사찰인 황룡사가 있던 자리이다.

[생활] 반장 자리는 결코 쉬운 게 아니다.

장소(場所) 어떤 일이 이뤄지거나 생기는 곳.

[사회] 이번 남북 회담 장소는 서울로 정해졌다.

[생활] 장소가 너무 좁아서 춤 연습을 하기 힘들다.

BONUS 학습도구어 더하기 - 속담, 관용어, 사자성어

속 나도 사또 너도 사또, 아전 노릇은 누가 하느냐

사람들이 모두 좋은 위치만 차지하려고 해서 힘들고 궂은일을 할 사람이 없음.

관 비단 방석에 앉다

매우 보람 있고 훌륭한 위치에 있음.

사 오비이락(烏飛梨落)

까마귀가 날자마자 배가 떨어진다는 뜻으로, 아무 관계도 없는데 하필 때가 같아 억울하게 의심받거나 난처한 위치에 서게 됨.

난이도 ★★☆☆☆

33 이용

대중교통으로 출근을 하는 것처럼 사회에서 '이용'은 필요에 따라 어떤 대상을 이롭게 쓰는 것을 말해요.

이용은 이럴 때 쓰는 말이에요.

"선생님, 저희 아빠는 얼마 전부터 대중교통을 이용해서 회사에 가고 계세요. 선생님은요?"

"선생님도 버스나 지하철을 타기도 하고 자전거로 학교에 오기도 한단다. 그런데 얘들아, 굳이 대중교통을 이용하거나 자전거를 이용하는 이유가 뭘까?"

"음, 대중교통을 이용하면 교통이 혼잡해지는 것을 막을 수 있어요."

"환경 오염을 줄일 수도 있어요. 자동차 배기가스의 양이 줄어들면 대기 오염이 줄어요."

"저희 형도 자전거를 이용해서 학교에 가요. 형은 버스비도 아끼고 운동도 돼서 좋대요."

"우리 반 친구들은 자동차가 아닌 교통수단을 이용하는 장점을 잘 알고 있구나. 실천으로 옮기면 더 좋겠지? 아, 그리고 체육 시간에는 줄넘기 시험을 칠 거니까 운동장에서 만나자."

선생님의 말을 들은 희수의 눈이 반짝였어요.

'휴, 지난 시간에 시험을 쳤으면 난 몇 개밖에 못 했을 텐데 오늘 줄넘기 시험을 쳐서 정말 다행이야. 연습해 놓길 잘했다. 이 기회를 잘 이용해야지!'

이렇게 사회적 의미의 이용은 '어떤 것을 내 필요에 맞도록 이롭게 사용하는 것'을 말하고, 생활적 의미의 이용은 '어떤 대상이나 사람을 내가 이익을 얻는 방법으로 사용하는 것'을 말해요.

이런 뜻이에요.

이용의 이(利)는 '이롭다'를 뜻하고, 용(用)은 '쓰다'를 뜻해요. 두 글자를 합치면 '이롭게 쓰다'라는 의미가 만들어져요. 즉 사회에서 쓰이는 이용은 '어떤 대상을 필요에 따라 이롭게 쓰는 것'을 말해요. '자원을 이용하다', '폐품을 이용하다' 등에서 이용은 모두 같은 쓰임새로 사용되고 있답니다.

또한 이(利)의 '이익이나 이득이 되다'라는 뜻과 용(用)의 '쓰다'라는 뜻을 합치면 '이익이나 이득이 되게 쓰다'라는 의미가 만들어지지요? 즉 생활에서 쓰이는 이용은 '다른 사람이나 어떤 대상을 내 이익과 이득을 위해 사용하는 것'을 말해요. 이때는 오직 내 이익만을 위해 쓰는 뜻이라는 걸 기억해 두면 좋아요.

과목별

어떤 것을 내 필요에 따라 잘 사용함.

예문

- 나는 동생에게 도서관 이용 방법을 알려 줬다.
- 방학 동안 계획표를 지키며 시간을 잘 이용했다.

생활 속

다른 사람이나 대상을 나에게 이롭게 하기 위한 수단으로 씀.

예문

- 나는 친구에게 이용만 당한 것 같아서 기분이 나빴다.
- 수민이는 쉬는 시간을 이용해 어제 못했던 숙제를 했다.

꼬리에 꼬리를 무는 사회 어휘!

이용

역이용

어떤 목적을 위해 사물이나 일을 그 반대 목적에 이용함.

이용법

이용하는 방법.

이용물

이용하거나 이용되는 물건.

이용료

이용한 값으로 내는 요금.

이용객

어떤 시설 등을 이용하는 손님.

이용도

얼마나 자주 이용하는지 숫자로 나타내는 것.

비슷한 말을 알아봐요.

사용(使用) 어떤 사물을 필요한 곳이나 기능에 맞게 씀.

[사회] 아빠는 여러 가지 공구를 사용해 시계를 고치셨다.

[생활] 박쥐는 초음파를 사용해 먹이를 찾는다.

활용(活用) 여러 가지 방법으로 잘 이용함.

[사회] 자료를 정리할 때는 컴퓨터를 활용하면 훨씬 편하다.

[생활] 나는 겨울 방학 기간을 활용해 스케이트를 배웠다.

BONUS 학습도구어 더하기 - 속담, 관용어, 사자성어

속 부뚜막의 소금도 집어넣어야 짜다

가까운 부뚜막에 있는 소금도 넣지 않으면 음식에 짠맛이 날 수 없다는 뜻으로, 좋은 조건이 마련돼 있거나 쉬운 일이라 해도 필요한 것을 이용하지 않으면 아무 소용이 없음.

관 그림의 떡

아무리 마음에 들어도 이용할 수 없거나 차지할 수 없음.

사 토사구팽(兔死狗烹)

필요할 때는 이용하다가 필요 없어지니 버림.

made in vietnam
made in China
made in Japan
made in USA

4장

ㅈ~ㅎ으로 시작하는 학습도구어

질서 | 차별 | 참여 | 특징

해방 | 형태 | 활동

난이도 ★★★☆☆

34 질서

다툼이 있을 때 한쪽이 억울하지 않도록 판단하는 것처럼 사회에서 '질서'는 단체의 평화를 위해 지켜야 하는 규칙을 말해요.

질서는 이럴 때 쓰는 말이에요.

은우와 서영이가 무슨 일인지 서로 잘못한 게 없다며 말다툼을 하고 있어요.

"지금부터 선생님이 우리 반의 질서를 위해 판사가 돼 볼게. 잠시 다툼을 멈춰 보자. 최대한 공정하게 판단할 거야. 얘들아, 무조건 자유롭기만 하면 어떻게 될까? 편하고 좋기만 할까?"

"아니요. 모두 자기가 하고 싶은 것만 하려고 해서 우리 반 질서가 엉망이 될 것 같아요."

"그렇지. 자유로움 속에서도 질서가 있어야 조화롭고 평화로운 반이 유지될 거야. 이 사회도 질서를 지키기 위해 법이 있단다. 하지만 환경과 처지가 다른 사람들이 모여 살고 있는 이 사회의 질서를 유지하기 위해서는 법 이전에 배려와 존중, 양보가 필요해."

설명을 듣던 은우와 서영이는 서로 사과했고 선생님도 아이들을 흐뭇하게 바라봤답니다.

다음 시간은 아이들이 좋아하는 체육 시간이에요. 오늘은 배구 연습을 할 거랍니다.

"민수야, 질서를 지켜야지. 새치기는 안 돼. 번호 순서대로 공을 받아 가야 해."

"히히. 미안해. 반장. 빨리하고 싶은 마음에 그만…… 다시 줄 잘 설게!"

이렇게 사회적 의미의 질서는 '집단 활동이나 사회, 국가에서 조화와 평화를 이루기 위해 지켜야 하는 규칙, 절차' 등을 말하고, 생활적 의미의 질서는 '순서를 지켜 차례대로 하는 것'을 말해요.

이런 뜻이에요.

질서의 질(秩)은 '차례', '순서'를 뜻하고, 서(序)는 '차례'를 뜻해요. 두 글자를 합치면 '차례를 지키는 순서'라는 의미가 만들어져요. 즉 생활에서 쓰이는 질서는 '순서대로 차례를 매기는 것', '물건이나 일의 순서가 섞이지 않고 차례차례 잘 이뤄지는 것', '사물들이 섞이지 않고 규칙적으로 보이는 것'을 말한답니다.

그렇다면 사회에서는 질서가 어떻게 쓰일까요? 바로 '평화롭고 올바른 사회를 유지하기 위한 순서나 차례', '사회에서 지켜야 할 도리로 생각되는 차례나 절차, 규칙' 등을 말해요. 우리가 횡단보도로 길을 건너는 것은 교통질서를 잘 지키는 일이고 쓰레기를 아무 데나 버리지 않는 것은 공공질서를 잘 지키는 일인 것처럼 말이에요.

과목별

사회나 집단 활동을 유지하기 위해 지켜야 할 도리 또는 규칙.

예문
- 공동생활에는 질서가 있어야 하니 규칙을 잘 따르도록 해.
- 킥보드에 두 명 이상 타는 것은 교통질서를 어기는 행동이다.

생활 속

순서대로 차례를 지킴. 사물이 규칙적으로 자리 잡음.

예문
- 질서를 지켜서 한 줄로 차례대로 가야 한다.
- 도서관에는 모든 책이 질서 있게 꽂혀 있었다.

꼬리에 꼬리를 무는 사회 어휘!

질서

공공질서

국가나 사회 구성원 전체에 모두 관계되는 질서.

교통질서

차와 사람이 통행하는 데 마땅히 지켜야 하는 질서.

질서 유지

사회의 평화를 유지하고 그 평화를 위협하는 것들은 사전에 방지하는 일.

법질서

법에 따라 유지되는 질서.

사회 질서

사회를 구성하는 여러 가지가 조화롭게 균형을 이룬 상태.

비슷한 말을 알아봐요.

단계(段階) 일이 차례대로 돼 가는 과정.

[사회] 오랫동안 진행됐던 공사가 이제 마무리 단계에 있다.

[생활] 다음 단계에는 무엇을 배울지 알아봤다.

순서(順序) 일이 이뤄지는 차례.

[사회] 회의는 예정된 순서로 정확하게 진행됐다.

[생활] 우리는 순서대로 시험지를 받았다.

BONUS 학습도구어 더하기 - 속담, 관용어, 사자성어

속 우물에 가 숭늉 찾는다

모든 일에는 질서와 차례가 있는데 일의 순서도 모르고 성급하게 덤빔.

관 발(을) 들여놓을 자리 하나 없다

많은 물건이 질서 없이 놓여 있어서 어지럽고 지저분함.

사 일사불란(一絲不亂)

한 올의 실도 엉키지 않는다는 뜻으로, 질서가 잘 잡혀서 조금도 흐트러지지 않음.

난이도 ★★★★☆

35 차별

남자아이는 고무줄놀이를 하면 안 된다는 생각처럼 사회에서 '차별'은 사람, 집단 등을 부당한 이유로 불평등하게 대하는 것을 말해요.

차별은 이럴 때 쓰는 말이에요.

여자아이들이 운동장에서 놀고 있자 남자아이들도 같이하고 싶다며 다가왔어요.

"하하하. 너희는 남자아이들인데 고무줄놀이랑 공기놀이를 같이하자고?"

"뭐야, 차별하는 거야? 너희 여자아이들도 우리랑 축구, 야구하잖아. 이것도 같이하자."

"짜잔! 해결사 선생님 등장! 차별은 '합리적이지 못한 이유로 구별해서 대하는 것'을 말해. 인종, 종교, 나이, 학력 등으로 말이야. 우리는 자신도 모르게 차별할 때가 있지."

"맞아요. 선생님. 차별해야겠다고 생각한 건 아닌데 이런 놀이는 옛날부터 여자아이들이 많이 한 놀이이다 보니까 자연스럽게 '남자아이들이 할 수 있겠어?'라고 생각했어요."

여자아이들이 미안해하며 말하자 남자아이들은 괜찮다며 한목소리로 대답했답니다.

운동장 놀이가 끝나고 아이들은 교실에 들어와 음료수를 마셨어요.

"이 음료수는 전에 나온 음료수와 차별되는 맛이라더니 별다른 점이 없는 것 같아."

"응. 그다지 큰 차별점은 없어. 포장만 달라졌는데 왜 신제품이라고 말하는 걸까?"

이렇게 사회적 의미의 차별은 '부당한 이유로 특정 대상에게 불이익을 주는 경우'를 말하고, 생활적 의미의 차별은 '제품의 특징, 상품성, 수준 등의 기준으로 나누는 것'을 말해요.

이런 뜻이에요.

차별의 차(差)는 '다르다', '가리다'를 뜻하고, 별(別)은 '나누다', '몇 부분으로 가르다', '따로 떨어지다'를 뜻해요. 두 글자를 합치면 '다르게 나누다', '가려서 따로 떨어지게 하다'라는 의미가 만들어져요. 여기서 '다르게 나누고 가려서 나누다'라는 것은 '좋고 나쁨, 높고 낮음, 수준의 차이 등으로 나누거나 구별하는 것'을 가리켜요. 이것은 생활에서 쓰이는 차별의 의미랍니다. '차별성', '차별점' 등으로도 많이 활용되니 기억해 두면 좋겠지요?

그렇다면 사회에서는 차별이 어떻게 쓰일까요? '기본적으로 평등한 대상을 특정 기준으로 불평등하게 나눠 대하는 행위'를 말해요. 그러나 이 특정 기준은 합리적이지 못하고 부당한 이유예요. 그래서 사회에서 차별이 쓰일 때는 주로 부정적인 의미로 많이 사용된답니다. 즉 '종교, 인종, 나이, 학력, 성별, 외모, 신체 조건, 지역, 나라 등으로 사람이나 집단, 행동을 불평등하게 대하는 경우'를 말해요.

과목별

합리적이지 못한 이유로 사람, 집단, 행동 등을 불리하게 대함.

예문

- 마틴 루서 킹 목사는 인종 차별의 벽을 깬 대표적인 인물이다.
- 옛날에는 남자와 여자를 차별해서 대우하기도 했다.

생활 속

어떤 대상을 수준이나 상품성 등의 차이로 나눔.

예문

- 이 제품은 다른 회사 제품과는 뚜렷한 차별점이 있다.
- 요즘 나오는 영화는 별다른 차별성이 없이 비슷비슷하다.

꼬리에 꼬리를 무는 사회 어휘!

차별

사회적 차별

개인이나 집단이 사회생활에서 평등하지 못한 대우를 받음.

무차별

차별하거나 가리지 않고 마구잡이임.

인종 차별

공정하지 못하고 한쪽으로 치우친 생각 때문에 특정한 인종에게 사회적, 경제적, 법적 불평등을 강요하는 일. 나치의 유대인 박해, 미국과 남아프리카의 흑인 차별 등이 있어요.

성차별

성별로 인한 차별. 남성이나 여성이라는 이유만으로 받는 차별.

차별화

둘 이상의 대상을 각각 등급이나 수준 등에 차이를 둬 구별할 수 있게 하는 것.

비슷한 말을 알아봐요.

구별(區別) 성질이나 종류의 차이에 따라 나눔.

[사회] 조선 시대는 신분의 구별이 엄격했다.

[생활] 두 개가 너무 비슷해서 구별하기 힘들다.

차이(差異) 같지 않고 다름. 서로 어긋남.

[사회] 두 물건이 기능은 비슷한데 가격은 크게 차이 난다.

[생활] 나는 친구와 의견 차이로 싸웠다.

BONUS 학습도구어 더하기 - 속담, 관용어, 사자성어

속 **커도 한 그릇 작아도 한 그릇**

어른과 아이 차별 없이 나눠 주는 양이 같음.

관 **건시(말린 감)나 감이나**

큰 차별점이 없이 비슷비슷함.

난이도 ★★★☆☆

36 참여

선거일에 투표하는 것처럼 사회에서 '참여'는 국민의 의무나 권리가 되거나 사회적인 활동을 하는 일을 말해요.

참여는 이럴 때 쓰는 말이에요.

"선생님, 어제 국회 의원 선거일이었잖아요. 선생님도 투표하셨어요?"

"선생님도 당연히 참여했지! 투표는 국민이 정치에 참여하는 방법 중 하나이니까 말이야."

선거는 대통령 선거, 국회 의원 선거, 지방 선거 등 다양한 선거가 있답니다.

"이번에는 투표 참여율이 높았다고 하더구나. 사람들이 그만큼 정치에 더 관심을 갖게 됐다는 뜻이겠지? 이렇게 정치에 항상 관심을 갖고 여러 가지 방법으로 정치에 참여해야 사회 전체를 안정시키고 발전시킬 수 있단다. 무엇보다 민주주의 사회인 우리나라에서 선거에 참여하는 것은 가장 기본적인 권리이자 의무야. 국민이 정치적으로 의견을 표현하는 것이거든."

쉬는 시간이 되자 동아리방에 다녀온 지민이가 무엇인가를 결심한 듯 보여요.

"선생님. 주말에 함께 봉사할 친구들을 모집했는데 참여 인원이 너무 적어서 속상했어요. 하지만 다시 더 적극적으로 홍보해서 봉사 활동에 참여할 아이들을 한 번 더 모집할 거예요!"

이렇게 사회적 의미의 참여는 '국민의 의무이자 권리인 일, 사회적인 활동, 법률적인 일 등을 지켜보며 함께하는 것'을 말하고, 생활적 의미의 참여는 '어떤 일에 끼어들어 그 일에 관련된 일을 하는 것'을 말해요.

이런 뜻이에요.

참여의 참(參)은 '관계하다'를 뜻하고, 여(與)는 '함께하다', '같이하다'를 뜻해요. 두 글자를 합치면 '함께 관계하다', '같이 관계하다'라는 의미가 만들어져요. '관계하다'라는 것은 '서로 관련이 있고 서로 맺어져 있는 것'을 가리켜요. 즉 생활에서 쓰이는 참여는 '어떤 일이나 여러 사람이 함께한 모임에 참가해 관계를 맺는 것'을 말해요.

그렇다면 사회에서는 참여가 어떻게 쓰일까요? 바로 '국민의 의무이자 권리인 일, 재판이나 투표, 시민운동 등 다양한 사회 활동이나 법률적인 부분의 일이 진행될 때 그것을 행동으로 옮기는 것, 그 현장에 가서 그 일을 지켜보며 함께하는 것'을 말한답니다.

과목별

어떤 사실이 발생한 현장에 함께 참석해 지켜봄.

예문

- 이번 평화 통일 운동에는 다양한 계층의 사람이 참여했다.
- 뜻이 맞는 시민 단체에서 활동하는 것도 정치에 참여하는 방법의 하나이다.

생활 속

어떤 일이나 모임에 참석해 관련을 맺음.

예문

- 전교생이 참여한 합창 대회가 드디어 시작됐다.
- 학생회에는 각 반의 반장과 부반장이 참여했다.

꼬리에 꼬리를 무는 사회 어휘!

참여

사회 참여
정치, 사회 문제에 관심을 가지고 그 일에 의견을 내거나 관련된 행동을 하는 것.

참여층
어떤 일에 관계하는 계층.

참여도
어떤 일에 참가해 관여하는 정도.

참여 동기
사회적인 일에 도움이 되는 일을 하려는 이유.

참여 군중
어떤 일을 할 때 함께 뜻을 같이하며 함께 행동하는 수많은 사람.

비슷한 말을 알아봐요.

참가(參加) 어떤 모임이나 단체에 들어감.

[사회] 파리 올림픽에는 약 10,500명의 선수가 참가했다.

[생활] 나는 내일 학교 대표로 퀴즈 대회에 참가한다.

참석(參席) 어떤 자리에 참여함.

[사회] 형은 우리나라를 대표해 국제회의에 참석했다.

[생활] 삼촌은 너무 바쁘셔서 할아버지 생신에 참석하지 못하셨다.

BONUS 학습도구어 더하기 - 속담, 관용어, 사자성어

속 모내기 때는 고양이 손도 빌린다

모내는 시기에는 모든 일손이 다 참여해야 할 정도로 일이 많음.

관 손을 적시다

어떤 일에 참여함.

사 일치단결(一致團結)

모두가 하나로 뭉쳐 참여한다는 뜻으로, 단합해 공동의 목표를 이룸.

난이도 ★★★★☆

37 특징

우리나라의 자원과 재료는 수입하고 기술은 수출하는 것처럼 사회에서 '특징'은 사회 현상이나 경제 활동에서 특히 두드러지는 부분을 말해요.

특징은 이럴 때 쓰는 말이에요.

"얘들아, 우리 주변의 물건들은 어느 나라에서 만들어졌을까? 한번 확인해 보렴."

"Made In China, Japan, USA, Vietnam…… 와! 정말 다양한 나라에서 만들어졌어요!"

"이럴 수가! 오히려 Made In Korea를 찾기 힘들어요! 저 김민수만 Made In Korea네요!"

"와하하하하."

민수의 말에 모두 웃음이 터졌어요.

"하하하. 나라와 나라 사이에 필요한 물건이나 서비스를 사고파는 일을 '무역'이라고 해. 우리나라 무역은 자원과 노동력이 싼 동남아나 중국에 우리의 기술을 수출하고 그곳에서 만들어진 물건을 수입한다는 특징이 있어. 그리고 반도체, 컴퓨터, 가전제품, 자동차처럼 우수한 기술이 필요한 제품은 수출하고 에너지, 식량, 원재료 등은 수입하지."

"어? 성훈아, 이 볼펜은 Made In Korea네? 좀 신기하게 생겼어."

"응. 이건 이렇게 접을 수 있는 특징이 있어서 주머니나 지갑에도 넣을 수 있어."

이렇게 사회적 의미의 특징은 '어떤 사회적 현상, 경제적 활동 등이 다른 나라나 다른 집단의 현상과 비교해서 특히 다르게 나타나는 점'을 말하고, 생활적 의미의 특징은 '어떤 사물에서 특별하게 눈에 띄는 점'을 말해요.

이런 뜻이에요.

특징의 특(特)은 '특별하다', '다르다'를 뜻하고, 징(徵)은 '부르다', '구하다'를 뜻해요. 두 글자를 합치면 '특별하거나 뛰어난 것을 구하다', '다른 것을 부르다'라는 의미가 만들어져요. 여기서 '구하다', '부르다'라는 것은 '나타내다'라는 의미로 사용됐어요. 그래서 '다른 특별한 것을 나타내는 것'이 특징의 뜻이에요. 즉 생활에서 쓰이는 특징은 '다른 것에 비해 특별히 눈에 뜨이는 점', '다른 것과 구별돼 드러나 보이는 점'을 말해요. 이것은 사람, 사물, 동물에게 모두 쓸 수 있답니다.

그렇다면 사회에서 특징은 어떻게 쓰일까요? 바로 '어떤 사회적 현상, 경제적인 활동, 지리학적 특성 등이 다른 나라, 현상, 제도, 지형 등과 비교했을 때 매우 뚜렷하게 드러나거나 다른 것과 구별되면서 확연히 다르게 나타나는 것'을 말해요. 우리나라 계절의 특징은 사계절이 뚜렷하게 드러나고 신석기 문화는 다른 시대 문화와 비교해서 토기를 사용한 것이 특징인 것처럼 말이에요.

과목별

어떤 사회적 현상, 경제적인 활동, 지리학적 특성 등이 다른 것과 비교했을 때 매우 뚜렷하게 드러나는 것.

예문

- 우리나라의 지형은 산맥이 있는 동쪽 지형은 높고 서쪽은 낮으면서 넓은 평야가 펼쳐진 동고서저의 특징을 지니고 있다.

생활 속

다른 것과 비교해 두드러지게 나타나 보이는 것.

예문

- 우리 고양이는 꼬리가 짧고 얼굴이 납작한 것이 특징이다.
- 이 선인장은 그늘에서도 잘 자라는 특징이 있다.

꼬리에 꼬리를 무는 사회 어휘!

특징

특징 연장

특징이 있어서 다른 것과 뚜렷이 구분되는 도구나 기구.

특징 기술

집단의 특수한 성질을 설명해서 나타내는 것.

특징 분류 비교

물체의 모양, 색, 거리, 위치 특성을 이용해 서로 다른 물체를 구분하고 같은 물체를 찾아내는 일.

특징 선택

여러 개의 특징이 중복될 때 되도록 가장 뚜렷하게 나타나는 특징을 선택하는 것.

특징물

대상의 특징을 드러내는 인물이나 동물, 건축물의 모습을 디자인에 넣은 것.

비슷한 말을 알아봐요.

특색(特色) 어떤 것과 비교해 다른 점.

[사회] 우리나라 도시들은 저마다 고유한 특색이 있다.

[생활] 이 음식은 별다른 특색도 없는데 자꾸 손이 간다.

특성(特性) 대상 고유의 성질.

[사회] 우리나라의 겨울은 추운 날이 3일, 비교적 따뜻한 날이 4일이 반복되는 삼한 사온의 특성을 보인다.

[생활] 광고는 제품의 특성에 맞게 제작돼야 한다.

BONUS 학습도구어 더하기 - 속담, 관용어, 사자성어

속 얼굴 보아 가며 이름 짓는다

사물의 생김새를 보고 그 특징에 맞게 이름을 짓는다는 뜻으로, 어떤 일을 할 때는 알맞은 조건과 특징에 따라 처리해야 함.

관 남에 없는

남과 다른 아주 큰 특징이 있거나 특별한 부분이 있음.

사 천편일률(千篇一律)

사물의 모양이나 사람의 생각 등이 특징 없이 모두 비슷함.

난이도 ★★★★☆

38 해방

흑인들이 노예 제도에서 벗어난 것처럼 사회에서 '해방'은 나라 또는 민족이 권리와 자유를 되찾는 일을 말해요.

해방은 이럴 때 쓰는 말이에요.

"선생님, 저 어제 <톰 아저씨의 오두막>을 읽고 마음이 너무 아팠어요. 같은 사람으로 태어났는데 피부 색깔이 다르다는 이유로 노예가 되다니! 있을 수가 없는 일이에요."

"흑인 노예의 비참한 삶을 다룬 내용이지. 19세기 미국은 점점 발전하고 있었지만 노예 제도의 문제가 남아 있었고 노예 제도를 반대하는 사람들의 목소리도 높아지기 시작했단다."

미국은 노예 문제로 남북 전쟁이 일어났지만 링컨의 활약으로 노예 해방을 이끌어 냈어요.

"미국은 흑인의 노예 해방을 선언하면서 새 역사를 쓰게 됐어. 이것은 노예 제도가 남아 있는 유럽의 여러 나라들에도 큰 자극을 주게 됐지. 그리고 이 지구상에서 노예 제도가 완전히 없어지는 데 결정적인 역할을 했단다."

집에 가는 길이에요. 선호와 민수가 기지개를 쭉 켜며 활짝 웃었어요.

"야호! 드디어 시험이 끝났어! 해방이다! 집에 가서 실컷 놀아야지!"

이렇게 사회적 의미의 해방은 '다른 민족이나 다른 나라로부터의 억압과 구속에서 풀려나는 것'을 말하고, 생활적 의미의 해방은 '걱정되거나 부담스럽던 일에서 벗어나 마음이 한결 가볍고 자유로워진 것'을 말해요.

이런 뜻이에요.

해방의 해(解)는 '풀다', '벗다'를 뜻하고, 방(放)은 '놓다', '놓이다', '널리 펴다'를 뜻해요. 두 글자를 합치면 '벗어나서 놓이다', '풀어져서 널리 펴지다'라는 의미가 만들어져요. 이를 풀어 보면 '행동이나 생각을 제한하고 속박하는 것, 나를 가둬 뒀던 것, 나를 억누르고 부담을 줬던 일, 걱정거리 등이 해결되거나 그것에서 벗어나서 자유롭게 되는 것'을 뜻해요. 이것이 생활에서 쓰이는 해방의 의미랍니다.

그렇다면 사회에서는 해방이 어떻게 쓰일까요? 바로 '한 나라가 주권을 되찾고 한 민족이 자유와 권리를 되찾는 것'을 말해요. '다른 나라에 나라를 빼앗겨 식민지 상태인 경우나 어느 민족이 다른 민족에게 부당하게 억압받고 구속받는 일에서 벗어나는 것'을 뜻한답니다.

과목별

나라가 식민지 상태에서 벗어나고 민족이 구속과 억압에서 풀려남.

예문

- 1945년 8월 15일, 해방의 물결이 온 나라에 퍼졌다.
- 세포이 항쟁은 인도 민족 해방 운동의 출발점이 됐다.

생활 속

부담감, 걱정 등에서 벗어나 자유로움을 느낌.

예문

- 이 숙제만 다 하면 오늘은 공부에서 해방이야!
- 시골 할아버지 댁에 오니 몸과 마음이 해방된 기분이다.

꼬리에 꼬리를 무는 사회 어휘!

해방

해방 운동

압박을 당하는 상태를 벗어나려는 운동.

자유해방

행동이나 권리를 자유롭지 못하게 제한하던 것을 풀고 자유를 줌.

여성 해방 운동

여성을 속박과 차별에서 해방시키기 위한 대중 운동.

해방 전쟁

다른 나라 또는 다른 민족의 지배로부터 민족의 주권과 자유를 되찾으려는 전쟁.

농민 해방

과도한 세금을 내고 자유와 권리를 억압받았던 농민을 독립 자영농으로 만드는 일. 사회 근대화의 시작이에요.

농노 해방

봉건 영주에게 속박돼 있던 농민을 농노(봉건 사회에서 자유를 억압당하고 영주에게 지배를 받던 농민 계층)의 신분에서 해방하는 일. 자본주의 사회의 시작이었고 농민도 토지를 소유하고 자유로운 경제 활동을 할 수 있게 됐어요.

비슷한 말을 알아봐요.

독립(獨立) 한 나라가 완전한 주권을 가짐. 다른 것에 의존하지 않음.

[사회] 임시 정부는 독립운동의 중심 역할을 했다.

[생활] 나는 독립해서 나가자마자 감기에 걸려 버렸다.

자립(自立) 다른 사람에게 의지하지 않고 스스로 일어섬.

[사회] 우리나라 원자력 기술은 1980년대에 이미 기술 자립을 실현했다.

[생활] 형은 취직을 하면서 경제적으로 자립할 수 있게 됐다.

BONUS 학습도구어 더하기 - 속담, 관용어, 사자성어

속 함정에서 뛰어 난 범

거의 죽게 된 위험한 함정에서 빠져나와 다시 살게 돼 기뻐 날뛰는 호랑이라는 뜻으로, 매우 어려운 상황에서 해방돼 매우 기뻐함.

관 짐을 벗다

책임, 슬픔, 고통, 걱정 등에서 해방됨.

사 자유자재(自由自在)

어떤 구속에서 해방돼 제한 없이 자유로운 상태.

난이도 ★★☆☆☆

39 형태

1인 가구, 대가족, 핵가족처럼
사회에서 '형태'는 집단이나 모임, 단체의
다양한 모습을 말해요.

형태는 이럴 때 쓰는 말이에요.

"우리 이모는 혼자 사시는데 고양이를 키우시고 가족이 아주 많으셔. 이모랑 이모부, 그리고 이모부의 어머니, 아버지, 그리고 이모의 자식인 내 이종사촌이 세 명이라서 모두 일곱 명이 한 가족이야."

민수와 혜지의 말을 듣던 선생님도 가족 이야기를 꺼냈어요.

"옛날에는 대부분의 가족 형태가 혜지 이모의 가족처럼 대가족 형태였어. 하지만 2000년대 이후 민수 이모처럼 1인 가구의 형태가 점점 늘어나고 있단다."

"선생님, 우리 집은 엄마, 아빠, 저, 누나 이렇게 딱 네 명이에요."

"준우네 가족은 핵가족 형태구나. 부모님과 자식이 함께 사는 가족 형태로 가장 흔하단다."

가족의 형태는 식구 수로 구분하면 1인 가구, 핵가족, 대가족 등의 형태로 나뉘어요. 이 외에도 다문화 가족, 조손 가족 등 나누는 기준에 따라 가족의 형태는 다양하답니다.

"콜록콜록. 선생님 우리 집은 엄마, 아빠, 저 세 명인데 셋 다 감기에 걸렸어요. 그런데 저는 약을 잘 못 먹거든요. 그래도 이건 사탕처럼 녹여 먹는 형태라 먹기가 편해요. 헤헤."

이렇게 사회적 의미의 형태는 '집단이나 단체가 이뤄진 모양새'를 말하고, 생활적 의미의 형태는 '사람이나 사물의 생김새'를 말해요.

이런 뜻이에요.

형태의 형(形)은 '일이 돼 가는 형편'을 뜻하고, 태(態)는 '일이 돼 가는 상태'를 뜻해요. 두 글자를 합치면 '어떤 일이 돼 가는 상태나 형편'이라는 의미가 만들어져요. 이것은 사회에서 쓰이는 형태의 의미로 '여러 사회 구조의 다양한 모습'을 말해요. 사회적, 경제적, 정치적, 산업적으로 모두 사용할 수 있답니다. 즉 '대가족 형태'처럼 '어떤 집단, 조직, 단체, 모임 등이 이뤄진 상태'를 나타낼 때도 형태를 사용하고 '1인 경영 형태'처럼 '경제나 경영 방식의 체계'를 나타낼 때도 사용해요. 또 '우리나라는 민주주의 국가 형태이다'라는 문장처럼 '정치적인 모양새나 국가적인 이념 체계'를 나타낼 때도 사용한답니다.

또한 형(形)의 '모양'이라는 뜻과 태(態)의 '모습'이라는 뜻을 합치면 '모양과 모습'이라는 의미가 만들어지지요? 즉 생활에서 쓰이는 형태는 '사물의 겉모습, 생김새, 모양'을 말한답니다.

과목별

경제, 정치, 사회적으로 다양한 구조 체계.

예문
- 요즘은 옛날에 비해 예능 프로그램의 형태가 매우 다양하다.
- 남과 북은 중국이나 일본과 같은 제 삼국을 통한 무역 형태를 하고 있다.

생활 속

어떤 사물의 모양이나 겉모습.

예문
- 바닷속 산호는 종류와 형태, 색깔이 매우 다양하다.
- 이 석탑은 돌을 벽돌 모양으로 다듬어 쌓아 올린 형태이다.

꼬리에 꼬리를 무는 사회 어휘!

형태

가치 형태

한 상품이 다른 상품의 가치를 나타내는 형태. 옷 한 벌의 가격이 구두 몇 켤레의 가격을 나타내는 가 등이 있어요.

경영 형태

기업의 조직 형태. 개인 상점, 합자 회사(두 사람 이상의 자본으로 만든 회사), 주식회사(주식의 발행을 통해 다른 여러 사람으로부터 자본을 조달받는 회사) 등으로 구별돼요.

사회 형태

특징을 가진 사회 구조의 종류. 봉건제 사회, 자본주의 사회, 사회주의 사회, 공동 사회, 이익 사회, 문화 사회 등이 있어요.

무역 형태

무역 상품이 움직이는 방향이나 무역 거래의 당사자들 사이의 관계 등에 따라 구별되는 무역 거래.

국가 형태

국가 권력의 조직과 실현 형태에 따라 국가를 나눈 것. 공화제, 군주제, 대통령 중심제, 의회제 등이 있어요.

비슷한 말을 알아봐요.

구조(構造) 부분이나 요소를 모아 전체를 만듦. 여러 가지 재료로 만든 시설물.

[사회] 농산물의 유통 구조를 바꿔 농산물을 생산하는 사람에게 더 많은 이익이 돌아가게 했다.

[생활] 이 공원은 미로 구조로 돼 있어 아이들에게 인기가 많다.

형식(形式) 겉으로 나타나 보이는 일정한 방식.

[사회] 이 자동차는 엔진의 힘이 앞바퀴에 전달되는 형식으로 차가 이동한다.

[생활] 수필은 가장 자유로운 형식의 글이다.

BONUS 학습도구어 더하기 - 속담, 관용어, 사자성어

속 겉 보기가 속 보기

겉으로 드러나 보이는 형태만 봐도 속까지 짐작해서 알 수 있음.

관 아무렇지 않다

아무 변화 없이 처음 형태 그대로 있음.

사 장삼이사(張三李四)

장씨(張氏)의 셋째 아들과 이씨(李氏)의 넷째 아들이라는 뜻으로, 이름이나 신분이 특별하지 않은 평범한 형태의 사람들을 비유함.

난이도 ★☆☆☆☆

40 활동

양로원에서 봉사하는 것처럼 사회에서 '활동'은 목적하는 일을 행하는 것을 말해요.

활동은 이럴 때 쓰는 말이에요.

"선생님, 전 어제 가족들과 양로원에 가서 자원봉사 활동을 하고 왔어요."

"민수와 가족들이 의미 있는 일을 했구나. 자원봉사 활동은 어떤 일을 대가 없이 스스로 참여해 돕는 일을 말하지. 보통 사회나 공공의 이익을 위해 활동한단다."

"저희 형은 지금 3년째 의료 봉사 활동을 하고 있어요. 공부도 힘들 텐데 꼬박꼬박 봉사 활동을 하는 모습이 정말 대단해 보이고 자랑스러워요."

"저희 부모님은 환경 보호 활동을 하세요. 자원을 재활용하자는 캠페인 활동으로 장바구니를 나눠 주기도 하고 이벤트로 자연 보호에 관한 관심을 끌어내기도 해요. 저도 가끔 같이 활동하는데 마음이 뿌듯해져요."

아이들은 여기저기서 다양한 사회 활동을 경험한 이야기를 풀어놓았어요.

"와! 너희들의 이야기를 모두 들으려면 밤을 새워야겠구나. 하하하. 역시 우리 반이야!"

쉬는 시간이 되자 다친 지민이를 소희가 부축하며 활동해도 괜찮은지 걱정스레 물었어요.

"응. 괜찮아. 그런데 갑자기 활동량이 늘어서인지 배가 빨리 고파져. 히히."

이렇게 사회적 의미의 활동은 '결실을 보기 위해 열심히 노력하는 것'을 말하고, 생활적 의미의 활동은 '내 몸으로 움직이며 행동하는 것'을 말해요.

이런 뜻이에요.

활동의 활(活)은 '생기가 있다', '살다'를 뜻하고, 동(動)은 '움직이다'를 뜻해요. 두 글자를 합치면 '생기가 있게 움직이다', '살아서 움직이다'라는 의미가 만들어져요. 여기서 '생기가 있다'라는 것은 '힘찬 기운이 있다'라는 뜻이에요. 즉 사회에서 쓰이는 활동은 '어떤 일의 성과를 거두기 위해 활발히 움직이며 노력하는 것', '내가 목적한 일의 결실을 보기 위해 활발히 움직이고 애쓰는 것'을 말한답니다.

또한 활(活)의 '살다'라는 뜻과 동(動)의 '움직이다', '옮기다'라는 뜻을 합치면 '움직이며 살다', '옮기며 살다'라는 의미가 만들어지지요? 여기서 '움직이고 옮기는 것'은 '몸을 움직이고 옮기다'라는 뜻이 들어 있어요. 그래서 생활에서 쓰이는 활동은 '내 몸을 움직이며 행동하는 것'을 말한답니다.

과목별

목적하는 일의 성과를 보기 위해 활발하게 애씀.

예문

- 동아리 활동이 늦게 끝나서 학원을 못 갔다.
- 봉사 활동은 힘들지만 보람 있다.

생활 속

몸을 움직임.

예문

- 형은 허리를 다치는 바람에 활동하기 힘들어 누워만 있다.
- 박쥐는 낮에는 동굴 속에서 잠을 자고 밤에 활동을 시작한다.

꼬리에 꼬리를 무는 사회 어휘!

활동

경제 활동

물건이나 노동력의 생산과 소비, 소득 활동 등 경제 분야에 관련된 모든 행동.

특별 활동

학교 교과 과정에서 교과 학습이 아닌 교육 활동. 학급 활동, 학생회 활동, 동아리 활동, 학교 행사 등이 있어요.

자치 활동

학생이 집단을 만들어 스스로 조직하고 운영하는 교과 과정 이외의 활동.

정보 활동

국가나 기관에서 개인 또는 집단에 필요한 정보나 지식을 수집하고 처리하는 일.

비경제활동인구

만 15세 이상의 인구 가운데 노동할 능력이 없거나 노동할 생각이 없는 인구.

비슷한 말을 알아봐요.

운동(運動) 어떤 목적을 위해 힘씀. 사람이 건강을 위해 몸을 움직임.

[사회] 나는 친구들과 '대중교통 이용하기' 운동을 펼쳤다.

[생활] 동생은 키도 크고 튼튼해지기 위해 운동을 시작했다.

행동(行動) 목적과 동기를 가지고 하는 일. 몸을 움직여 어떤 동작이나 일을 함.

[사회] 난폭한 행동뿐만 아니라 거친 말도 상대방에게는 폭력이 된다.

[생활] 동생은 버릇없이 행동한 것을 사과했다.

BONUS 학습도구어 더하기 - 속담, 관용어, 사자성어

속 메뚜기도 유월이 한철이다

메뚜기는 음력 유월이 한창 활동할 시기라는 뜻으로, 누구나 활발하게 활동할 수 있는 시기가 오니 그때를 놓치지 않아야 함.

관 기지개를 켜다

서서히 활동을 시작함.

사 백가쟁명(百家爭鳴)

여러 사람이 활발하게 활동하며 자신의 의견을 주장함.

옥효진 선생님의
사회가 보이는 학습도구어

글 옥효진
그림 이상일

1판 1쇄 인쇄 2025년 11월 28일
1판 1쇄 발행 2025년 12월 17일

펴낸이 김영곤
TF팀 김종민 양선희
기획 및 편집 북케어(전하연) **디자인** 표지 design S 본문 정유정
마케팅 정성은 김지선
영업팀 정지은 한충희 남정한 장철용 강경남 황성진 김도연 이민재
제작팀 이영민 권경민

펴낸곳 ㈜북이십일 아울북
출판등록 2000년 5월 6일 제406-2003-061호
주소 (우 10881) 경기도 파주시 회동길 201(문발동)
연락처 031-955-2100(대표) 031-955-2421(팩스)
홈페이지 www.book21.com

ISBN 979-11-7357-671-3 74700
ISBN 979-11-7357-668-3 74700 (세트)

✦ 함께 읽어보세요! ✦

생각이 크는 인문학

❶~㉗권

십 대를 위한 인문교양 시리즈

세상을 바라보는 자신만의 관점을
갖기 시작한 십 대에게 인문학적 소양과
스스로 생각하는 힘을 길러 주세요!

아울북 비주얼 클래식

레 미제라블 ❶권

만화로 쉽게, 명작으로 깊게!

빅토르 위고의 명작《레 미제라블》,
재미있는 만화와 독후 활동을 통해
아이들의 읽는 힘을 길러 주세요!

원작 빅토르 위고 | **글** 안경순 | **그림** 연무

정일영 선생님이 들려주는
《레 미제라블》

※ 교보문고, 예스24, 알라딘, 쿠팡 등 온라인 서점 및 전국 오프라인 서점에서 만나볼 수 있습니다.